如何做好政策研究

讲证据、得人心、负责任

［美］安·马克捷克（Ann Majchrzak）

［美］林恩·马库斯（Lynne Markus）　著

李学斌　邹宇春　周晓春　熊　杰　译

重庆大学出版社

今后，公共部门和私人部门的资源将十分稀缺，因为人们对公私资源的需求非常大。因此，必须富于智慧地利用它们。如果安·马克捷克的这本书让读者感到它是值得阅读的，那么我们将因此面临更公平的机会，并都变得更加富有。

——埃米泰·埃茨奥尼（Amitai Etzioni）

乔治·华盛顿大学

译者简介

李学斌

南京理工大学公共事务学院社会学系副教授，南京大学社会学博士，硕士生导师。长期从事社区建设与社区工作方面的教学与研究工作。现为全国基层政权和社区建设专家委员会委员，江苏省社区发展促进会常务理事，江苏省和谐社区建设评估专家，南京市公益创投项目评估专家。多次作为项目负责人承担民政部社区建设与社区治理招标课题、重点课题。著有《现代社区建设专题研究》，在《社会主义研究》等核心期刊发表论文多篇，参译参编《社会学》等多部教材和著作。电子邮箱：lixuebin@126.com。

邹宇春

香港中文大学社会学系博士。中国社会科学院社会学研究所社会发展研究室副主任，副研究员，硕士生导师。美国美利坚大学（American University）社会学系访问学者（2006 年）。主要研究领域为社会调查方法、社会发展与社会治理、社会资本和信任、流动人口、家庭与性别研究、农村建设和反贫困研究、青少年发展和志愿服务等。现为中国社会科学院重大项目"中国社会状况综合调查"（CSS）项目组的

主要成员，中国青少年研究会国际青年研究专委会委员，共青团中央
"青年之声"成长服务联盟专家团成员，多家核心学术期刊的匿名评审。
国家社科基金重大项目"中国社会质量基础数据库"(16ZDA079)子课
题负责人。此外，还参与了二十余项社会调查和社会治理的研究项目。
现有专著《中国城镇居民的社会资本与信任》《当代中国社会质量报
告》，在《中国社会科学》《社会学研究》《社会》《开放时代》《中
国青年研究》《中国发展观察》等期刊上公开发表论文二十余篇。其中，
多篇文章被《新华文摘》《中国社会科学文摘》《人大复印资料》等
转载。参与多本书籍的撰写或翻译工作。电子邮箱：zouyc@cass.org.
cn。

周晓春

香港理工大学社会工作专业博士，中国青年政治学院社会工作系
副教授，硕士研究生导师。美国福德汉姆大学（Fordham University）
访问学者（2017—2018年）。主要讲授社会研究方法、项目设计与评估、
社会工作行政等课程。主要研究领域为青少年社会工作、成长向导（长
期志愿服务）、金融社会工作、社会工作项目设计与评估、循证社
会工作与干预研究等。长期为北京市民政局及北京市社会工作委员会
的各类社工项目担任评审，并为多家机构提供督导。著有专著《新发
展社区青年群体研究》，参编、参与《谈话调研方法》等教材、专著
多部。在《青年研究》《中国青年研究》《中国青年社会科学》等核
心期刊发表论文多篇。电子邮箱：zhouxc@cyu.edu.cn。

熊　杰

南京理工大学社会学专业硕士，东南大学社会学专业学士，
其间作为交换生分别赴美国纽约大学及台湾中国文化大学学习。
主要研究方向为社会政策与社会问题、社区工作。电子邮箱：
m15950482864@163.com。

作者简介

安·马克捷克

加州大学洛杉矶分校 1980 年毕业的社会心理学博士，南加州大学马歇尔商学院的信息与运筹管理学教授。她自 1980 年以来，一直为美国政府机构做政策研究。她的研究工作主要涉及组织和技术创新方面，包括知识分享、创新、分配认知、紧急群体、事实合作、高度安全及不稳定环境中的合作、紧急响应以及创新挑战。她出版的著述包括《工厂自动化的人性方面》（*The Human Side of Factory Automation*）（SAGE）；在以下期刊，如《组织科学》（*Organization*）、《信息系统研究》（*Information Systems Research*）、《IEEE 工程管理》（*IEEE Transactions on Engineering Management*）、《管理科学》（*Management Science*）、《MIS 季刊》（*MIS Quarterly*）、《哈佛商业评论》（*Harvard Business Review*）以及《斯隆管理评论》（*Sloan Management Review*）上发表的论文，还撰写过大量的有关工业、政府和学术方面的文章。她在三个国家科学学术委员会任职，是信息系统协会的会员，是《组织科学》和《MIS 季刊》的高级编辑。

林恩·马库斯

凯斯西储大学 1979 年毕业的组织行为学博士，本特利大学信息与过程管理学"约翰·W. 波杜斯卡（John W. Poduska）"荣誉教授，麻省理工学院斯隆管理学院信息系统研究中心的分中心教授。她为商业、协会、非营利组织及政府部门进行实务研究。她的学术和实务研究的专业领域包括组织内部及组织之间信息系统的有效设计、执行和使用；信息技术使用中的风险以及意外后果；信息技术治理与管理中的创新。她还曾荣获美国国家科学基金会研究资助，最近，证券交易委员会圆桌会议总结了她有关抵押贷款危机中信息技术的角色的研究成果。她出版的成果包括几部著作和 100 多篇论文，曾在诸如《MIS 季刊》《信息系统研究》和《组织科学》期刊上发表论文。2004 年，她被授予信息系统协会资深会员。2008 年，她因为在信息系统的特殊终身成就荣获信息系统协会 Leo 奖。

前　言

　　这是一本有关负责任、以证据为本的决策（循证决策）的著作。它描述了如何界定政策研究问题以便可以将证据运用其中，如何发现并合成现有证据，如何形成需要的新证据，如何提出没有负面影响又能够解决政策难题的、可以接受的建议，如何用改变思维的方式来描述证据和建议。这本书是写给对提高影响人们生活的决策水平感兴趣的学习者的。政策不仅仅是由一个国家的统治者或被选举官员做出的，也可以由公司总裁、商场经理以及追求环境保护的非营利组织的项目领导做出。在本书中，我们的建议源自一个基本的信念，即**循证决策优于仅仅建立在意见、直觉和感情基础上的决策**。如果我们能使读者深信，在做出决策前要考虑系统的、负责任的证据，如果我们能够帮助一个人以一种促进真正变革的方式来传达证据和建议，那么这本书就完成了我们当初写作时设定的目标。

　　本书与1984年安·马克捷克撰写的第一版有相当大的不同。主要不同点有：例子都是最新的；自1984年以来社会发生了许多变化；安邀请了林恩·马库斯作为共同撰写人。在此版中，安和林恩一起做了下列改进。

现在的每章都有清晰的界定活动、交付成果以及用于追踪活动成功执行的标准，还伴之以工作流程图，通过航海流程图将政策研究历程的各个阶段联系在一起。

增加了类似政策改变轮和社会、技术、组织、制度、市场（STORM）背景条件之类的框架图，使读者更容易记住必须要做的事情。

增加了新的章节，第3章"合成现有证据"和第7章"反思政策研究航程"。

收集了各种各样的资料，不仅有美国国内问题的资料，而且包括国际政策和商业政策资料，从中寻找并更新了例子。

第1章"政策研究的作用"，进行了相当大的修订以反映行动取向的视角，这一视角认为不仅要做政策研究而且要推动变迁，强调负责任地开展政策研究的重要性。

第2章"开启政策研究进程"做了相当大的修订以适应新的框架。

第3章"合成现有证据"是全新的。

第4章"获取新证据"，做出了更新以反映政策研究中使用的基于网络的数据资料的可得性。

第5章"政策建议的设计"，进行了相当大的修订以强调对创新性的需要，以及在设计建议和评估建议中对框架的使用。

第6章"扩大利益相关者参与"，进行了相当多的修订来讨论为何利益相关者需要参与促使个案改变的活动。

第7章"反思政策研究航程"是全新的一章。

我们期望你能享受这本书，期待了解你在政策研究中如何创造了差异，产生了影响。请启动学习的航程，祝旅途愉快！

致 谢

我们撰写的《如何做好政策研究》第二版得到了许多人的帮助。首先，本书第一版读者的敏锐使我们备受鼓舞。尽管第一版出版于1984年，但是它一直被相当多的读者购买，从来没有随着时间的流逝而绝版过。这使我们确信，拥有此书有助于对浑水一般的政策研究进行导航，今天我们对此问题的兴趣与30年前几乎同样强烈！

其次，我们想感谢伊丽莎白（Elizabeth Kubo Kirschenbaum）（"Lizzie"）。当我们开始修订此书时，我们向丽兹（Lizzie）寻求行政方面的支持，她是乔治华盛顿大学荣誉项目、艾略特国际关系学院的大二学生。尽管我们很快意识到，她代表了此书的读者——极为关心他们周围的世界并想使之改变的一代学生。因此，她变得比我们的支持人要重要得多；她成为我们的读者，帮助我们确保例子和练习对她和她的伙伴有意义。丽兹还做了大量义务工作，让我们与另一个相当聪明的大学生萨曼莎（Samantha McBride）（"Sammy"）接触。萨米（Sammy）绘制了此书的所有插图。我们所要做的就是发给萨米一些大致的形象和本章的内容，她就画出了一个又一个相当棒的插图。

萨米提前开启了卓越插图艺术家的生涯!

我们还想感谢我们生命中其他的年轻人,他们激励着我们关注如何完善政策决策,比如,贾里德(Jared)和贝姬·尼米克(Becky Niemiec),这两个年轻人是安的孩子。现在他们已经长大,走出家门,他们特别激励着我在看待这个世界时,不是仅仅看到它的错误,而且要看到怎样是对的,个体如何产生影响,使这个世界发生改变。贾里德在 25 岁时帮助推动了一个立法改变,允许大型集装箱公司增加配件以使燃油效率更高,这件事非常令人鼓舞。贝姬在全国旅行,给中学生教课,不知疲倦地为保护环境而战斗,这鼓励我们更加努力工作,以使政策研究过程对所有人来说更具可行性。

年轻人可能为我们所有人创造未来,但是仍然有许多"较老的"人们,他们具有超出年龄的智慧,可以帮助我们理解如何在这个浑水一般的政策研究进程中帮到别人。我们非常有幸和公司及政府政策制定者一道工作,他们一直愿意向我们展示他们是怎么做的,他们真正希望从政策研究者那里得到哪种类型的帮助。在我们自己的政策研究中我们也非常"幸运"有过失败,这促使我们再一次努力,从而对政策研究过程有了新的理解。我们曾经有机会影响到一两个决策,这让我们对写作第二版感到乐观。

我们想感谢 SAGE 公司鼓励我们准备这个新版,审稿人认同此书,帮助我们集中精力修订。审稿人在要求和指导我们方面表现非常出色。因为我们当时是根据他们的评论进行修改的,所以我们不知道他们是谁。在我们打算致谢时,SAGE 公司贴心地向我们披露了他们的名字:新罕布尔大学的 Mary Fran T. Malone;圣约瑟夫大学的 Lisa A. Baglione;乔治亚大学的 Sherry Lowrance;马歇尔大学的 Robert Bickel;佛罗里达州立大学的 Melissa Gross;布里奇沃特州立学院的 Kevin P. Donnelly；得克萨斯大学埃尔帕索分校的 Tony Payan；肯尼绍州立大学的 Andrew I. E. Ewoh；北卡罗莱纳大学夏罗特分校的 Rebecca Nesbit；纽约大学的 Lawrence M. Mead,；加州路德大学的 Haco Huang；阿帕拉契州立大学的 Adam J. Newmark；波兰特州立大学的 Matthew Jones；伊丽莎白敦学院的 Heather Kanenberg；田纳西州立大学的 Meg Streams；佐治乔理工学院公共政策学院的 Juan D. Rogers。

最后，亲朋好友为我们提供了不可缺少的支持。Amitai Etzioni，我们认为他是对当今社会政策研究最有影响的一位学者，他使第一版成为可能。安的先生，Peter Niemiec，一直对作者给予最大的支持。林恩感谢她的家人、朋友和学生，向 Peter F. Drucker，Paul Gray 和 Rob Kling 致谢。

目录

第 1 章

政策研究的作用

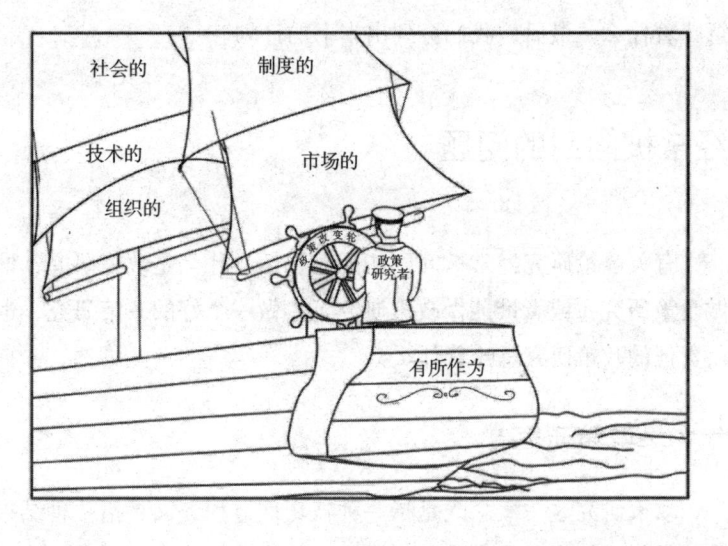

我们撰写此书是献给那些想改变这个世界，或者说至少想部分改变这个世界的人。你可能希望在一些真正具有全球意义的难题中发挥影响，例如气候变化、战争、疾病、饥荒、经济危机或者水污染。你可能想要就一些影响整个国家的难题提出建议，诸如持续的失业、种族和性别不平等不宽容、日益变糟的教育机会、越来越多的肥胖症。你可能希望解决一些更具地方性的问题，诸如你所在机构的无效益和无效率的服务、你的企业可怜的利润率、你所在城市的无家可归者或者你的邻居的堕落。政策研究可以帮助你负责任地改变世界。

我们认为，政策研究既是一个航程又是一个目标。在这本基础教材中，我们将带你分阶段地经历整个研究航程。但是，重要的是不要忘记我们的目标：**要用建立在证据为本的、有意义的和负责任的政策研究基础上的富有说服力的建议，来影响和打动政策的制定者和执行者。**[1]

这是导论性的一章，我们首先回答一些经常被问到的问题：政策研究是什么？谁做政策研究？负责任的政策研究意味着什么？接着，我们描述了什么环境下政策研究会发生，这对政策研究者来说意味着什么。最后，我们会列出本书的计划。

经常被问到的问题

有关政策研究经常被问到的问题包括：什么是政策研究？谁来做政策研究（或者谁能做政策研究）？做一个好的政策研究，也即负责任的政策研究意味着什么？

什么是政策研究？

政策研究这一概念既是指一种技巧性过程，又是指一种结果。过程是指一整套操作活动和产出产品。结果是关于一个问题和解决这个问题的方式的文本性知识，解决问题的方式结合了为行动提供细致的推理的建议。政策研究涉及使用证据来理解问题的原因和结果，应对问题的各种不同方法的优势、不足及风险。证据包括其他人已经收集的数据及新收集的证据，特别是为了政策研究目的收集的资料。证据意味着事实、数据和经验——它是与假设、理论、意见和价值观相对的。但请注意，假设、理论、意见和价值观——我们称之为**意义**——始终存在着并影响证据的产生及对证据的解释和使用。因此，政策研究既要处理证据又要研究意义，以便创造出有

---

[1] 这句话是全书主旨，在翻译和拟定中文书名时，对该主旨进行了"浓缩"，采用了几个更符合中文语境的词来表达，特此说明。——编者注

助于改变世界的结果。

政策研究不是改变世界的唯一方式。它不是最常用的方式，它甚至也未必是最有效的方式。还有其他改变世界的方式。你可以通过领导和参与社会运动、宗教运动或艺术运动来改变这个世界；你可以通过发明新东西和发表新观点来改变这个世界；你可以通过学校教育、养育子女和帮助他人来改变这个世界；你可以通过仅仅成为你自己来改变这个世界。

所有这些不同的改变世界的方式都要求人们采取行动并观察行动的结果，然后再根据反馈来改变他们的行动。在某些情境下，这被称为"**做中学**"。在另一些情境下，这一"行动—反馈—再行动"的循环被应用于解决难题，被称为企业家精神——既可以是社会企业家精神（Bornstein & Davis, 2010），也可以是商业企业家精神（Drucker,1985; Mullins & Komisar, 2009）。政策研究有助于"行动—反馈—再行动"的循环。政策研究是一个试图通过为行动者的决策和行动提供推理严密、证据为本、负责任的建议的方式来支持和说服行动者的过程。因此，即使你正在用你自己的方式改变这个世界，你也可以在决定行动时运用政策研究。无论你是政治领袖、政府官员还是企业管理者，政策研究都能有所帮助。

谁来做政策研究？

政策研究者无所不在。一些政策研究者是专业人员，常常被称作政策分析家，一些专业的政策研究者受聘于政府机构、非营利组织（NGOs，像基金会和慈善组织）以及智库。他们（经常使用经济学方法，例如成本—收益分析方法）专职政策领域——诸如就业、教育、健康看护和住房方面的分析。专业的政策研究者可能是大学里关心他们所从事专业的政策问题的学者，研究领域包括社会工作、犯罪司法、房地产等。一些专业的政策研究者根本不被称为政策研究者，他们被叫作企业战略家、金融分析师或者管理顾问，他们使用经济学和社会学的科学方法来系统评估投资的成本、利润和风险；分析新产品、新服务或流程的创新性及新的组织设计和管理体系。无论工作的头衔是什么，专业的政策研究者通常会学习针对问题不断改进的机会或解决方案——我们称之为干预。这些干预可以由政策制定者、执行者和资助机构确定，也可以由政策研究者收集的证据得出。以报告和论文的文本形式呈现的政策研究者的研究成果，是一整套对政策制定者、执行者或资助机构具有说服力的、以证据为本的、有关决策或应当如何行动的建议。

政策研究不仅仅是一个专业。它对于不是全职或付薪从事政策研究的人来说，也是一项有用的技术和资源。几乎每一个人都是一个"业余的"政策研究者：教师、社工、经理、职员、父母、运动员或市民，人们被一些事务所困扰，对改变有激情，有足够的动力去系统地探索那些已知的或未知的与某个问题有关的原因、结果和解决方案，有哪些是已知的，还有哪些是未知的。业余的，有时也可以说是**偶然的**政策研究者，至少在以下三方面区别于专业人士。

第一，偶然的政策研究者不像专业人员，他们一开始未必有客户。也就是说，可能没有人期望得到他们的报告和建议。偶然的政策研究者通常仅仅是因为他们的兴趣或关注点而研究政策问题和干预。偶然的政策研究者经常被激励着针对一些特别脆弱或受伤害群体的问题发出声音，例如艾滋病患者、陷于金融危机中的人、失学的贫困孩子、无家可归者等。受害人群是潜在的政策研究的受益者，但是他们并不是通常的用户。因此，偶然的政策研究者可能不得不为他们的研究寻找客户。而专业人员则知道他们的客户是谁——那些委托他们研究的人或组织。

第二个与专业政策研究者的区别是，偶然的政策研究者在得出行动建议后，对于如何行动经常有更多的选择。专业的政策研究者通常只做政策研究。当他们完成一个项目后，就继续做下一个政策研究项目。偶然的政策研究者也可以那样做。但他们也可以有其他做法，他们也许会进入一个倡导者角色，投入他们的能量去动员别人采取行动，因为他们有产生改变的、富有说服力的案例。他们也许会成为一个企业家，决定努力执行他们自己的建议。他们可以通过建立一个组织来做，无论是非营利组织还是营利组织。例如，如果一个偶然的政策研究者想到一个能够帮助受害群体的新产品或新服务的主意，他或她可能建立一个新的机构去推销这个产品或服务。偶然的政策研究者也可能成为他工作机构内部的企业家。有时候，这被称为**内部企业家精神**。例如，苏珊是一个偶然的政策研究者并在她的组织中提出了一个更好的传递服务的、具有说服力的建议，她就很可能成为一个内部企业家，亲自执行这一干预措施。

第三个与专业政策研究者的区别是，偶然的政策研究者在研究中经常能够更具弹性地使用多种研究方法，像访谈、实地实验、抽样问卷调查和个案研究。而专业的政策研究者经常被期望——或被限制——使用一种政策研究方法，即高级的分析方法，也就是说，使用复杂的统计定量分析方法以及基于有关就业、健康、经济活动等方面的大量事实数据的经济模型。专业的政策研究者有时也被期望对各种可相互替代的干预措施进行成本—效益分析。偶然的政策研究者在这方面没有严格限制。

本书既为偶然的政策研究者也为专业的政策研究者提供指导。本书所描述的政策研究过程不是刻板的公式，它要求创新性。同时，它是系统的、严格的、严密的，一言以蔽之，它是专业的。我们相信，政策研究的专业方法，无论是对偶然的还是专门的研究者来说，都同样适合。即使你是自己政策研究的最终客户，在有限的时间、资源及他人帮助下，尽可能地做得专业，也是一件负责任的事情。

负责任地做政策研究意味着什么？

负责任（Responsible）这个词对我们来说意味着什么？这本书里，我们是指，要保持对即使运用最佳的干预方案也可能给人群和环境造成潜在伤害的敏感性。即使没有人为你的工作付酬，也要做高质量的政策研究的理由是：它可以帮助你避免推荐或实施比问题本身更糟糕的解决方案。

历史充满了各种负面的结果——不仅是像地震和火山喷发这样的意外事件或自然灾害，而且还有人们有意无意采取的、有正当理由的各种作为和不作为。想想在广岛扔下的原子弹，美国挑战者号航天飞机的灾难，南非种族主义政策，在卡特里娜飓风之前新奥尔良市没有及时维修的堤坝。当负面结果发生时，我们可能会假定人们行为的动机不良或者他们没有权力做出不同的选择。但事实是，当一些人有意做或者不做什么时，他们并没有考虑到可能的负面结果以及他们已经做了些什么。

我们相信，许多政策会产生负面结果，有时候甚至比它们想要解决的问题更加糟糕，即使是出自最良好的动机做出的改变。同时，我们相信，许多负面结果是可以预防的，因此也就可以避免或者提前减轻负面作用（而不只是事后处置）。预防负面结果要求：（1）有关证据——过去有哪些因素起作用和不能起作用；（2）训练对未来的想象；（3）掌握本书中我们呈现的政策研究的实证方法。

尽管做一项好的政策研究不可能消灭所有可能的负面结果，但是我们相信，好的政策研究对于任何想要负责任地改变这个世界的人来说，都是必需的。

政策研究背景及其对政策研究的意义

政策研究的实证方法的工具之一，就是我们在本书中要讨论的**问题理论**——即关于为什么会存在政策问题以及它如何产生出不确定性结果的理论。（为解决这一问题，你还需要关于**干预的理论**——干预在什么时候，因为何种原因，怎样发挥作用。）我们简短地描述有关政策变化如何发生、政策研究如何介入的理论，以及此理论对于政策研究及政策研究者意味着什么。

政策研究的背景

有关政策变化是如何发生的（或者应当如何发生——搞清楚某些理论究竟是在描述实际发生了什么还是解释应当发生什么，这并不总是很容易），一个广泛被认可的理论是理性选择模型 (Munger, 2000; Sabatier, 2007; Stone, 2012)。理性选择理论认为，决策者做出他们的决定和行动是基于系统地分析各种行动路径的成本、效益和风险。理性选择理论认为，政策制定者未必是无所不能的。该理论承认理性决策所有的限制——诸如时间约束、不完全的信息以及认知偏见。因此，理性选择理论不能将可能出现的错误决策和无意后果排除在外。

我们不赞成政策制定过程中的理性选择理论。我们相信，社会和企业的政策变化是通过价值和观念的竞争而发生的 (Stone, 2012)。即使在一个机构中，政策制定者拥有对所采取行动的结果的完备信息，他们也几乎从来不会对该行动是否正确达成共识，更不必说在整个社会里了。无论政策的大小范围，人们对证据和意义的争议都是不可避免的，因此任何政策都是对各种矛盾性建议的综合或解决。有时候，综合会是令每个人失望的妥协；有时候，则可能会产生真正令人害怕的结果；而有时候，它可能是一个最佳解决方案。负责任的政策研究的目标是试图使意见领袖在既定环境和现有知识的局限下，就可能的最好解决方案达成一致，同时承认知识是不完备的，"最佳可能性"这一标签总是暗含着价值判断。

一个假想的政策研究实例

让我们假设一位政策研究者在为一家消费品生产公司工作，公司要求他对新生产设备的投资进行评估，研究者按照是否配置新设备，系统分析了商业条件和未来可能出现的不同结果。在这一政策研究过程中，政策研究者通过与利益相关人谈话来收集证据和意义，包括工人、经理、市民、政府官员和其他公司的代表。

完成政策研究以后，政策研究者可能会有信心，这一新设备能够使公司迅速成长、大幅提升劳动效率、回报给股东更多的利润、为附近的城镇带来更多的税收。但同时，研究者也应意识到，新设备的设计运营状况与旧有的是不同的。研究者也要了解，旧设备将被关停，它的所有工人和经理要被解雇，公司的两个供应商也要关闭他们的设备，进一步地会危及城镇的就业。

在核查完所有的证据后，研究者会为经理提出几个不同的建议，其中之一是一个保护现有就业人员和旧设备所在城镇的活力的建议。（这里给你留个作业，你能举个保护目前就业和城镇活力的政策的例子吗？）

然后，公司的主管决策者会决定执行哪个建议。他们可能会决定实行政策研究者提供的某个维持活力的建议，也可能完全忽略这个建议，只是简单地关闭现在的工厂，而不去考虑这对城镇带来的危害。最后，他们可能决定不采取任何行动，让现有的工厂继续运转一段时间，他们让政策研究者意识到工厂推迟关闭的可能性，但是并不让城镇中的其他工厂了解这种可能性。

从这个假设的政策研究案例中，可以清晰地得出三点结论。第一，政策研究者不是最后做出决策或采取行动的人（除非政策研究者从研究角色转换到企业家角色）。因此，政策研究者的分析或建议可能不会真正出现在现实中。实际发生的政策改变极少数是理性分析和选择的直接产物。相反，政策改变经常是价值和观念冲突的、复杂妥协的产物。

第二，即使政策研究从短期看没有影响到决策者，但是，它可能及时改变事件的进程。短期内，一个单一的政策研究也许不会改变政策制定者的观念。然而，经过一定的时间，许多政策研究的结论可以累积起来，它们在劝服决策者按照政策研究者建议的方式去行动方面起决定性作用。

从我们假设的例子中可以得到的第三点教益是，政策研究者有责任去给出，即使不是最佳的建议，但至少应当是相对好的、严格建立在证据基础上的建议。做出好的建议非常具有挑战性，因为建议总是涉及意义和价值判断问题以及证据分析。面对不同的利益相关者群体，例如股票持有者、工人和管理方、市民、地球生态，识别出他们的价值冲突，常常要求研究者相当有创造力。

如果一个看似正确的商业决策，例如投资一个新的生产设备，会引发如此多的问题，那么以下看法当然丝毫不会令人吃惊，即对公共政策的政策研究相当具有挑战性，而理性选择理论被应用的可能性相当少。像其他许多人一样（Munger, 2000；Sabatier, 2007；Stone, 2012），我们认为政策改变发生在混乱动荡的环境下。环境混乱的部分原因是许多不同需要、不同价值观和不同关注点的利益相关者的存在。在这些公共政策的利益相关者中，有受到社会的和经济的难题困扰的人，有因为解决难题而可能受到影响（正面的或负面的）的人（例如照顾提供者和服务提供者、大公司、市民和纳税者），有不得不考虑到政策建议会怎样影响到自己的职业和生活的政策制定者和研究者。另外，政策变化发生的环境之所以是混乱的，还由于理论、证据和价值观方面的冲突。在这种风雨交加的环境中，政策难题的解决办法经常是渐进的，即使需要进行的是重大改变。

在政策改变的混乱环境中，政策研究有时可能会产生影响。但重要的是，要承认政策研究有时可能会产生更糟糕的后果。若政策研究者不负责，例如在建议中存有偏见——就会选择或歪曲证据以支持他们自己的价值观和偏好。不负责的政策研究所提出的建议有时会被采纳和执行。当这种情况发生时，结果是残酷的：问题没有得到解决，实际情况变得更加糟糕，或者解决方案所产生的负面影响要比问题本身的负面影响更大。

悲哀的是，当持反对意见的政党代言人怀疑研究，或者歪曲研究结果以支持相反的结论时，甚至负责任的政策研究有时也会带来更坏的影响。当这种情况发生时，对复杂问题的良好干预就可能变得在政治上不被接受。尽可能专业地做政策研究可能有助于降低出现这一负面结果的可能性，但不可能完全消除。负责任的政策研究者必须持续地保持对风雨交加的政策研究环境的警觉。正如生活中的任何一个行动一样，政策研究可能会带来非预期的后果。

对政策研究者的启示

作为一个政策研究者，你面临着一个矛盾。一方面，相比理性选择理论，政策改变是混乱和不可预测的。然而，另一方面，强调证据（以及意义）的系统的政策研究必须给出可能被接受的建议，尽管事实上，政策制定者并不总会按照政策研究者的建议去决策和行动。

这样的两难困境意味着政策研究是有局限的。你将会遇到不可靠的证据、获取新证据的困难、在证据与意义间保持平衡的挑战，以及改造僵化观念的极端困难。但是，除非你向决策者提供关于不同类型干预措施可能对某个问题产生影响的证据，否则你只会给决策者留下常识、意见和谣言。**我们知道改变世界需要激情，但是要想让世界变得更加美好，则需要比激情更多的东西——批判性思考、证据、意义和谨慎的价值判断。**

让我们总结一下，好的政策研究有几个关键特征。第一，好的政策研究是（1）可靠的，因为它从证据中获取信息，对问题的各种赞同意见、反对意见及潜在干预均（尽可能地）保持中立；（2）对利益相关方是有意义的，并且应该让他们参与进来，包括政策制定者、受问题困扰的人群、可能受到解决方案影响的人群；（3）负责任的，应考虑到改变所带来的广泛的、潜在的负面结果；

（4）创造性的，因为你的政策情境可能需要新的、不同于以前其他情境的解决方案；（5）可操作性的，意即在政策研究者拥有的时间和资源范围内是可行的。

第二，好的政策研究要求好的政策研究问题。好的问题不能根据一个解决方案来界定问题，如以下问题："我们怎么能让市民更方便地获得用于自卫的枪支？"好的政策问题要足够宽泛，才能鼓励寻找更多、更好的解决方案。有了更多的备选方案，才更有可能找到与利益相关者的信念和价值观相匹配的那一个。好的政策研究问题也不排除这种可能性，即一些干预，也许是全部干预，可能会带来比保持现状不变还要糟糕的影响。

好的政策研究的第三个特点是有创见。创见，特别是在政策建议设计中的创见之所以是必需的，原因很多。比如，关于问题原因的证据可能遗失了、太薄弱，是矛盾的或者是此消彼长的。而有关成本、收益、解决方案的风险的证据可能也是如此。另外，问题和解决方案对于不同的利益相关者可能意味着不同的事情。也就是说，利益相关者几乎很少对一件事情持有相同的价值观，他们受到的来自问题或解决方案的影响通常并不平等。

设计一个好的建议需要创见的另一个理由是：人们通常需要在相当多的可能的干预措施中做出选择。解决难题的可能方法包括培训和教育、新的程序和技术、新的组织安排、税收、法律、激励、监控、惩罚等（Bardach，2009）。某个情形下的干预可能需要瞄准一个远离所观察问题的目标。例如，不是对吸烟者进行教育，而是限制烟草公司的销售行为。

好的干预设计需要创见的再一个理由是，一些待解决的问题需要在许多方面同时干预。例如，要改善孩子们在学校的学习，你可能还需要改善他们在家学习、营养和医疗保健方面的支持。

好的政策研究的第四个特点是，它要求对问题所处的背景有详尽的理解，并持有一个关于问题如何产生和产生原因的相关理论。

我们已谈及政策改变发生在混乱的或暴风雨般的环境中。在本书中，我们鼓励你去检验一个问题的背景的所有方面，以发现可以作为干预的正确目标的**可塑变量**（malleable variables）——有时也被称为**改变杠杆**（change levers）。在本书的后面，我们使用 STORM 这一缩略词——指围绕问题的社会的（social）、技术的（technical）、组织的（organizational）、制度的（regulatory）和市场的（market）条件——来帮助你扩大寻找可塑变量的范围。利益相关者分析和政策改变轮是我们后面为你提供的另外的工具，用以帮助你分析背景，阐明问题和干预的理论。

好的政策研究的最后一个特征是它极少很容易就达成。它是一项艰辛的工作，它需要花费时间，它并不总能为你赢得朋友。但是，它是重要的、有意义的，并且做起来有趣的一项工作。

政策研究航程

我们使用航海历程表这一比喻来描述政策研究的过程。图 1.1 提供了一张航海地图。正如许多真正的旅行一样，政策研究进程并不总是沿着一条地图上画好的笔直的路线前进。总会出现一些偶然的旅程，而一些活动会一而再，再而三地重复。（重新制定研究问题框架和旅行时你反复整理旅行包，两者有许多共同之处！）我们将在每一章的细节中抓住这些反复之处。

本书每章描述了你所要做的主要活动和要交付的成果，也就是你在航程的每一阶段的产出。另外，这些章节讨论了中介目标——我们称它们为追踪指标——你可以用来了解自己在持续不断的反复中是否偏离了研究航线，了解在任何政策研究航程中都不能避免的那些障碍。

你会发现第 2 章关注的是，启动政策研究阶段所涉及的活动和要交付的成果。你以一个就你所知的在当时最好的政策研究作为开端，来进入启动阶段。一个好的政策研究问题具有足够广泛的意义，但是又聚焦于既定的时点，并在你所能得到资源的范围内有足够的可行性。随着你对政策问题越来越熟悉，你逐步提炼出问题，这有助于你聚焦接下来的研究。第 2 章将呈现帮助你提炼政策研究问题的工具，包括政策改变轮、STORM 背景条件和利益相关者分析。启动阶段的其他重要活动是确定那些可能帮助你的专家和其他利益相关者，正式或非正式地列出他们的名单，以便找他们作为你的顾问。

第 3 章概括了政策研究航程中合成现有证据这一阶段的目标、活动和可交付成果。这章指导你系统地收集、分析和综合有关问题和改善问题的可能干预措施的现存证据。我们讨论证据来源及其质量和评估证据强度的方法。这一阶段结束时，你应当对该问题或其解决方案的已知内容（更重要的是未知的内容）有一个非常好的了解。这点很重要，因为你必须决定现存证据是否充分到你可以据此做出有信心的政策建议（正如第 5 章中描述的），或者你是否需要收集另外的证据（正如在第 4 章中讨论的）。

第 4 章聚焦在政策研究航程中获取新证据这一阶段。这一阶段开始于一个未知的政策研究问题或解决方案。回答这一问题可能涉及二手分析——对归档的已公开出版的数据资料进行统计研究。但是，第一手的资料收集方法对于你聚焦研究的问题可能更好，包括访谈、问卷调查和个案研究工作、进行现场实验。第 4 章内容包括研究设计的基础，提高你对研究结果信心的方法，以及如何合乎伦理地获取新的证据。

现在你已经拥有了丰富的有关政策问题和解决方案的现存证据，也可能还掌握了新证据。但是你的工作还没有完成，你必须从证据中为政策制定者提取出一套行动建议。做好这点是很有挑战性的，这是一项创造性的设计活动，我们称之为"设计政策建议"。

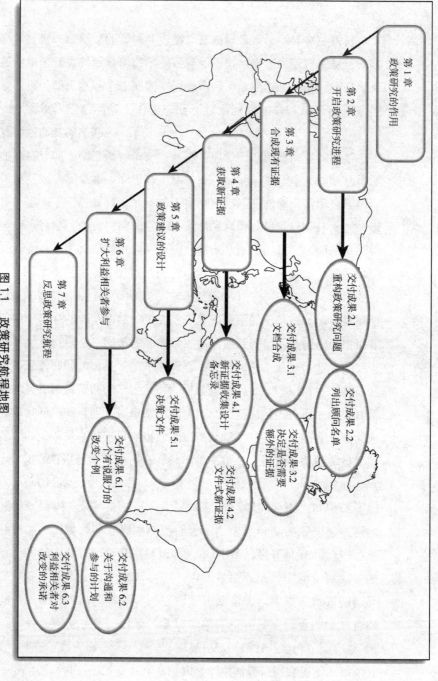

图 1.1 政策研究航程地图

第 1 章
政策研究的作用

第 2 章
开启政策研究进程

第 3 章
合成现有证据

第 4 章
获取新证据

第 5 章
政策建议的设计

第 6 章
扩大利益相关者参与

第 7 章
反思政策研究航程

交付成果 2.1
重构政策研究问题

交付成果 2.2
列出顾问名单

交付成果 3.1
文档合成

交付成果 3.2
决定是否需要额外的证据

交付成果 4.1
新证据收集设计备忘录

交付成果 4.2
文件式新证据

交付成果 5.1
决策文件

交付成果 6.1
一个有说服力的改变个例

交付成果 6.2
关于沟通和参与的计划

交付成果 6.3
利益相关者对改变的承诺

这一阶段的关键的第一步——第 5 章的主题——是开发我们所称的案例基础，描述目前状况和它的负面结果，据此比较每个备选解决方案。我们解释了以下做法的重要性，即，使用同样的评估标准去评价每个备选方案而不是试图弄虚作假支持你认为最好的那个。最终，你要把有关案例的基础材料和备选干预措施合并成一个简短的、结构良好的、富有说服力的决策文件，告知政策制定者，并鼓励他们去采取行动。

即使在你为政策制定者提供了建议以后，你的工作仍然还没有完成！这时，你的建议已经主要建立在证据的基础上，但还没有充分进行对意义的检测，这里的意义是指与利益相关者的假设、理论、意见和价值观相一致的意义。如果你的建议与他们不能很好地保持一致，这些建议可能不会被采纳或者他们可能会抗拒，这会导致你的建议无法改进问题或者会产生因不被接受而来的负面影响。在扩大利益相关者参与阶段，即第 6 章所概括的，你应通过寻找到一个富有说服力的改变个案来赢得利益相关者对你的建议的支持。当然，在这一阶段，你还要决定是否修改建议以使它们更加有意义。

第 7 章呈现了我们对政策研究航程的反思。我们将前面几章的建议精华提炼出一套规则，以便进行有意义和有效的政策研究。

结论

《如何做好政策研究》注定是一本令人鼓舞的书。当你阅读完此书时，我们期望你会了解好的政策研究是什么，会了解好的政策研究如何能够帮助社会和组织创造出积极的变化，你会拥有做一项好的政策研究所必需的技术，这些将激励你去做对你有意义的、好的政策研究，哪怕你并不是作为专业人士去做政策研究。就算你自己并不拥有做一项好的政策研究所需要的所有资源，读完此书后，你学到的知识和技术仍然能有助于你选择好的顾问和研究合作伙伴。而且，你还能够在别人的政策研究航程中帮助到他们。

改变这个世界的方法有很多。社会企业家和商业企业家通过实施变革来改变世界，也就是通过干预事务的现状来改变世界。政策制定者（例如议员、投资者、捐助者）通过决策和为企业家提供成功所必需的资源来改变世界（例如立法委任权和资金）。政策研究者也可以改变世界——通过改变人们的头脑。政策研究者可以使用本书中描述的工具来影响政策制定者、企业家和受问题影响的人们，并鼓励他们按照理据充分的、意义被广泛认同的、负责任的方式去行动。通过整合相关问题和解决方案的已知情况，通过获取有关未知情况的新证据，通过为行动设计建议，通过联系利益相关者，政策研究者能够乐观地预想和促成一个富有创见的新的解决方案，这一解决方案将会解决问题而不是带来更糟的问题。政策研究者可以产生影响。让我们起航吧！

第 2 章

开启政策研究进程

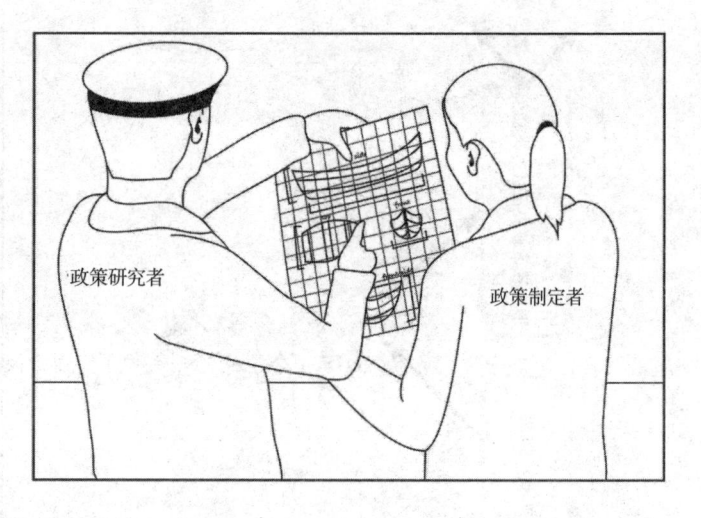

政策研究者　　　　　　　　　　　政策制定者

概要

　　本章探讨了政策研究进程的第一阶段：启动阶段。在此阶段，随着你对政策问题越来越熟悉，你将反复重构政策研究议题。我们提供了以下框架来帮助指导你将收集的知识组织起来，即**政策改变轮**（the Policy Change Wheel）、STORM 背景条件和利益相关者分析。另外，在这一阶段，你将确定一组愿意在整个研究过程中帮助你的顾问。启动阶段的活动和主要交付成果的总结见图 2.1。在指导你完成六个活动和两个交付成果之前，很重要的一件事是解释六个活动的目标，以及你如何评估这些活动的成效。因此，我们在开始本章以及所有其他内容时，不仅进行概括和总结，而且也对指标进行讨论，你可以按照这些指标追踪你的进程。

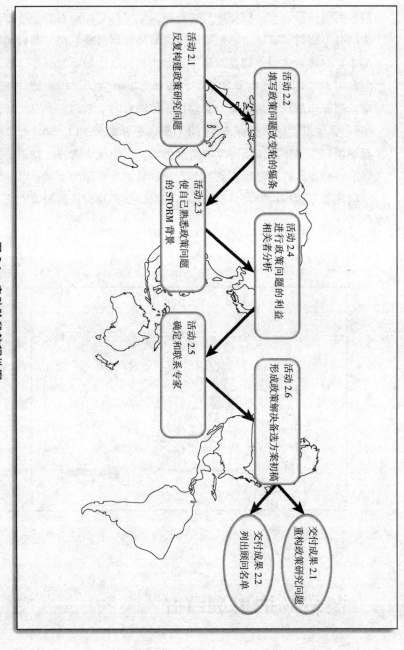

图 2.1 启动阶段航程地图

活动 2.1
反复构建政策研究问题

活动 2.2
填写政策问题改变轮的辐条

活动 2.3
使自己熟悉政策问题的 STORM 背景

活动 2.4
进行政策问题的利益相关者分析

活动 2.5
确定和联系专家

活动 2.6
形成政策解决备选方案初稿

交付成果 2.2
列出顾问名单

交付成果 2.1
重构政策研究问题

启动追踪指标阶段

这一部分解释了两个指标，它们可以帮助你认识到，当你进行启动阶段的活动和提交启动阶段的交付成果时，你正在做一件很棒的工作。这两个指标是：

1.M2（Meaningfulness and Manageability）（意义性和可行性）检测。

2. 联系利益相关者。

追踪指标 2.1：意义性和可行性

政策研究要求既要有重要意义又要可操作。这就是我们所说的政策研究的 M2 检测。

意义性是指，当你的政策研究完成后，你的研究在政策领域产生了影响。这种影响也许提出了能解决问题的有效建议，或者解决了利益相关者对于产生问题的原因方面的分歧；又或者这种影响提供了新的证据，该证据有助于缩小解决问题的可能的备选方案的范围。

你做的任何事情都可能对正在政策领域工作的人具有意义，因此，政策研究的意义在于使政策制定者对政策问题有更完善的理解。如果你的研究只是增进了你自己的理解（当你只是单纯出于学术兴趣进行研究时），它就不能满足 M2 检测。因此，当你处于启动政策研究阶段时，M2 检测有助于提醒你牢记，你要帮助的政策制定者是谁。这些政策制定者可能是倡导政策者、你所在公司的决策者、立法机关的成员、监督官员或者其他人。重点是你的政策研究应当为他们提供更好的理解，使他们做出更好的、更准确的决策。例如，立法机关的成员经常需要不同备选方案的成本和收益的相关信息，如果告诉他们可以用更好的方式为有需求的人群（但不属于该立法委员的选区）实施解决方案，那么这对他们来说，研究的意义可能就会比较小。

只是让你的政策研究具有意义还不够，你还必须使之具有可行性。可行性是指，你可以用你自己的资源或者你可调用的资源，去完成你的政策研究所包括的一系列活动。如果你的研究内容太广泛，需要占用太多的时间，你可能会失去影响决策制定者的机会。如果政策问题要求的资源你没有，比如更多的技术知识、国际关系或语言技能，以致你不能在可用的时间内完成该项政策问题研究，你就没能满足 M2 检测的要求。因此，你不仅必须关注政策研究的意义，而且要关注政策研究对你来说是否可行。

在意义性和可行性之间存在着张力。你的政策研究的意义越重要，你需要考虑的问题就越多，你就要处理更复杂的条件，你的政策研究中必须包含的因素就越多。复杂性、多种条件和许多因素使政策研究的可行性降低，因为它需要更多的时间和更多的资源。可行性并不意味着你应当将你的政策研究聚焦于一个很小的范围，因为这样它就不再有意义，也不再意味着努力启动一个你不可能执行的但有意义的研究。永远不要顾此失彼：要让你的政策研究问题在可行性的约束条件下尽可能有意义。本章可以帮助你提出一个能够满足 M2 检测的政策研究问题。这个 M2 检测是一个很好的在启动阶段追踪自己工作的指标。

追踪指标 2.2：利益相关者参与

政策研究只有成功地获得利益相关者的帮助才能取得成功。正如第 1 章界定的，利益相关者是那些在有关政策问题的决策中有利害关系的个人和组织。利益相关者包括遭受问题困扰的人群（例如因负担不起无法获得医疗保健服务的穷人），拥有可以解决问题的资源的群体（例如医疗保险公司），对问题有决策权的群体（例如政策制定者），以及受到解决问题干预措施影响的群体（例如不得不使用电子医疗记录的医生）。

由于政策问题触及他们的利益（利害关系），因此，利益相关者参与对你的政策研究会非常有帮助。他们会提供有关政策问题的信息。他们可能了解一个政策问题的最新信息，或者某个政策建议在通过政府立法分支机构批准过程中的情况。更重要的是，通过他们的行为、（社交）网络、资源、关注和热情，他们可能使你建议的解决方案更加具有可执行性。例如，他们可能知道，当无法利用公交进行运输时，能通过其他方式来运输药物的人是谁。他们可能了解印第安人保留区的社会阶层状况，知道当要考虑改变印第安人的健康服务时，必须向谁咨询。

让利益相关者参与，以便他们和你分享他们的信息和资源，你必须做的远远不止简单地向他们提问。你必须发展与他们的关系，你需要对他们的事情有足够的了解，才能了解他们的需求。这样，当你与他们一道在你的政策研究中共同工作时，你才有可能满足他们的需求。例如，你的利益相关人可能从约见有相似问题的其他人那里获益，也许你可以帮助他们约见这些人。或者如果你发现你的利益相关人肩负重任、负担过重，以致他们需要一对有同情心的耳朵，那么你可以通过倾听帮助他们。又或者如果你确定，利益相关人需要有关他们困境的最新资料，你可以通过与他们分享你完成的研究成果来帮助他们。

去了解你的利益相关人是否愿意从事这一工作，观察他们的行为。他们是否自愿提供使你的政策研究更加有意义和更有可行性的信息或建议？如果是这样，那么他们就值得聘用。不能聘用的信号包括：利益相关人太忙，不能分配给你时间；不能与你分享你认为他们可能拥有的信息；永远不会给你提供建议；与你争论研究的基本价值。因此，在启动阶段就要找到聘用或不聘用利益相关者的指标。

启动阶段的活动

既然你已了解了进入启动阶段的追踪指标，现在就是学习如何开展启动活动的时候了。正如图 2.1 所示，启动阶段共有六项活动：

活动 2.1： 反复构建政策研究问题
活动 2.2： 填写政策问题改变轮的辐条
活动 2.3： 使自己熟悉政策问题的 STORM 背景
活动 2.4： 进行政策问题的利益相关者分析
活动 2.5： 确定和联系专家
活动 2.6： 形成政策解决备选方案初稿

我们下面依次讨论各个活动。

活动 2.1： 反复构建政策研究问题

这是你真正开始政策研究的地方：开始构思政策研究问题，然后反复构建使问题变得越来越准确，以便它可以被现有证据或新证据所证明。有时，如果你有特定的客户，你会被客户的决策人（例如立法委员、政策研究基金机构或者你的老板）分配工作任务——进行特定政策领域、社会问题或商业议题的政策研究，并提出建议。你可能已经相当了解相关议题，也可能不了解。有时，你不仅需要对你将要研究的具体政策领域有所了解，而且应当由你来提出政策研究问题。这个问题可能非常抽象，例如"全球变暖会带来什么问题？"也可能非常具体，例如"为预防海岸侵蚀而改善海堤，可能的成本和收益是怎样的？"如果你没有客户，但你对某个政策领域的问题感兴趣，例如"我怎样减少我所在城市的废弃物排放？"这个也能成为你开启研究的政策问题。

无论你以什么问题开始，你必须不断地重构问题以满足 M2 检测的需要。如果你只有三天的时间去提出建议，那么你将无法回答"如何阻止全球变暖？"这一问题。但是，用三天时间你可以回答一个相对更加狭小的问题："如果今天做一个**特殊的盖子（a particular cap）**，那么按照南极冰层的融化速度，这个特殊的盖子对二氧化碳排放量可能会产生多大影响？"

为了重构政策研究问题，我们在此提供几个引领你最终满足 M2 检测要求的技巧。第一，发展出你与研究问题的个人联系是非常有用的。所谓**个人联系（personal connection）**，我们意指头脑中有一个清晰的影像，就是如果情况按照现状持续下去，趋势会是怎样，可能会发生什么，或者政策制定者成功按照你的建议采取行动将会完成哪些工作。对于全球变暖研究，个人联系可能是这样的影像：一个生活在马绍尔岛的小孩子担忧可能摧毁他（她）家乡的下一次暴风雨；复活节岛上的物品由于上升的海潮而被冲走；飓风过后由于住宅被洪水冲垮而无家可归的路易斯安那州的某个家庭。当你能很容易地想象出有关政策问题的个人联系影像时，这些影像会让你想要采取行动来改变它们，那么，你的研究对你来说才是有意义的，你才能有足够的动力克服你在研究的道路上遇到的障碍。如果你没有个人联系影像，那么就不断重构问题，使之越来越窄，以便你可以在头脑中产生影像。也许让你想象全球变暖的影像，你会有困难，但是，你可能很容易地想象出由于海洋中没有冰层，北极熊被淹没的画面。如果是这样，那你的问题也许需要特别聚焦在冰山消融方面。

重构政策研究问题使之满足 M2 检测的另一个技巧是：要么聚焦在政策问题的原因，要么聚焦于政策问题的解决方案，不要同时研究这两个方面。例如，全球变暖研究，"全球变暖的原因有哪些？"和"解决全球变暖的办法是什么？"是两个好的政策研究问题。但是，在同一个政策研究中试图包括两方面问题，将会使研究的可行性降低，通常在一定时间内最好选择其中之一进行研究。

另一个 M2 技巧是：不应当把具体的解决方案界定为政策问题（Bardach, 2009）。例如，问题"我们怎样增加庇护所，以便减少无家可归家庭的数量？"就假设了庇护所可以减少无家可归。这一假设不能满足 M2 检测的意义性这一方面，因为仅仅单独依靠庇护所，可能不会减少无家可归现象。此时问题需要重新建构，要么使问题具体化为"庇护所对于无家可归者的价值"，要么使问题变为"庇护所可以通过哪些方式与其他干预措施联合，以帮助减少无家可归现象"。

通过 M2 检测的最后一个技巧是重构问题使之聚焦在必需的证据上。在启动阶段，你会对有关问题或其解决方案的研究成果有一个总的想法。例如，你会发现，别人已经回答了这个问题——"当儿童上一年级时，起跑线项目是否增进了儿童的预备学习能力？"对此问题进行更多的研究，可能是浪费你的时间和精力。相反，如果你重构一个问题，如"儿童参加起跑线项目是否能提高他们在以后人生中职业上的成功？"那么你的研究对政策制定者来说，可能会更有意义。

活动 2.2：填写政策问题改变轮的辐条

我们为你提供了一个框架来帮助你熟悉了解一个新的政策问题，以及从哪里开始你的政策研究，怎样安排搜寻知识的优先时间顺序，如何组织你收集到的信息。我们把这个框架称作**政策问题改变轮**（Policy Problem Change Wheel）。

如图 2.2 所示，政策问题改变轮请你回答一系列简短的有关政策问题的"W 问题"，你的任务就是了解每个问题是否已有答案、答案是什么。这个轮子可以帮助你深入地思考政策，一步一步地激发你的创造力。这个轮子对于分析政策问题和政策解决方案都很有帮助。在本书中，我们将反复提到它。在启动阶段的早期，使用政策问题改变轮，你可以去了解问题的不同方面有哪些是已经知道的，这会有助于你重构研究问题，确保研究的是未知的问题。在启动阶段的后期（活动 2.6），你可以开发政策解决方案改变轮，在这种情形下，"W 问题"聚焦于你将评估的解决方案。以下，我们描述该轮的每个方面。

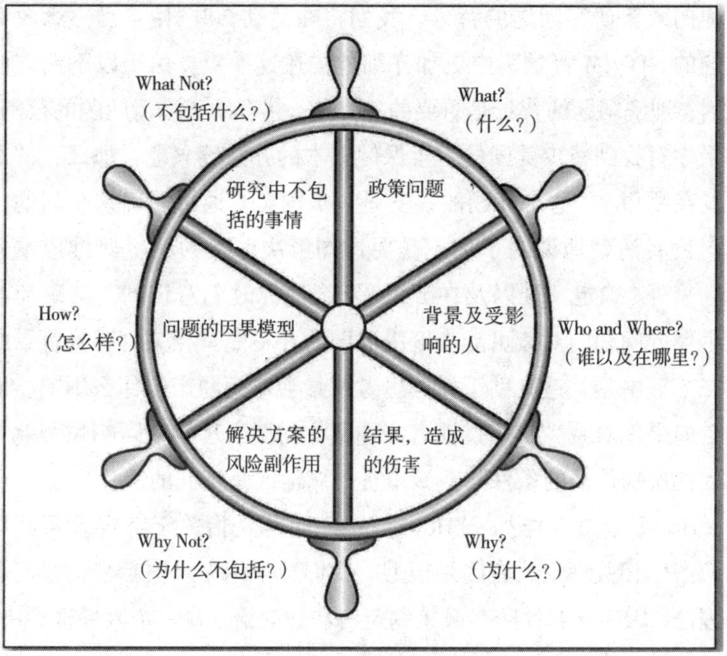

图 2.2　政策问题改变轮

What?（什么？）在改变轮中，"What?"指的是你期望改善的情形或者你期望解决的问题。情形的范围可以从增加一家公司的销售收入到消除工作场所的性别不平等，到全球贫困或艾滋病。

What Not?（不包括什么？）"What Not?"问题可以通过排除问题的某些方面来缩小你的研究问题的范围。这对于研究的可行性及避免陷入期望管理陷阱都是非常重要的。期望管理陷阱是指，你正做的政策研究的客户拒绝你的结论，因为你没有研究他们期望你研究的内容。通过问"不包括什么？"，你可以避免落入期望陷阱。现在举例说明如何使用"不包括什么？"来重构研究问题，例如：

"针对造成全球变暖的二氧化碳排放，能够做些什么？"这一问题可以被重构为"在减少非动物来源的二氧化碳排放方面，能够做些什么？"重构后的问题排除了可能引起全球变暖的动物性甲烷。

Who and Where?（谁以及在哪里？）"Who and Where?"指的是你的政策研究问题的背景。我们将在活动 2.3"使自己熟悉政策问题的 STORM 背景"中更加详细地描述这一点。由于以下两方面原因，理解问题的背景是重要的。首先，它有助于澄清问题的范围。如果你对找到减少美国的卫生保健成本的办法感兴趣，那么，"谁以及在哪里？"这个问题的答案是"美国"。通过明确这个问题，你向读者清楚地说明了你不是要试图解决荷兰的卫生保健成本问题。另外，确定"谁以及在哪里？"会使你时刻意识到，解决荷兰卫生保健问题的对策可能与解决美国的并不完全相关。明确背景的第二个理由是，这有助于你去思考背景会对问题产生什么影响。例如，如果你对减少疾病传播有兴趣，你需要去理解在阿帕拉契亚地区促使疾病传播的条件与在城市贫民窟地区是不同的。

How?（怎么样？）"How?"这一问题是指关于特定政策问题如何产生相关理论或者因果模型。我们经常用因果图示来描绘问题的理论，因为这有助于与政策制定者沟通交流。在一个因果模型中，先行条件或者问题的根本原因放在左边，结果或者问题的症状放在右边，中间的是初始条件转化为问题的机制或路径。例如，你可以对导致全球变暖的条件（因果模型的左边）——燃煤发电厂、燃油类交通工具和动物性甲烷排放进行理论化。因果模型的右边是结果，如：水的平均温度和地表平均温度变得更高，恶劣天气不断增多，海面冰层不断加快融化，海平面上升，以及动物物种的灭绝。在因果模型的中间，你可以放入从初始条件转变为结果的机制：高的二氧化碳排放量和充满大量排放物的大气层。

"How?"（怎么样？）因果模型描述了你关于问题是如何产生的理论，因此在一定程度上，它提示了改进现状的方法。详细阐述理论有助于将问题聚焦在政策问题中最重要的部分：**机制**。例如，高的二氧化碳排放量在大气中积累散发不出去是你的理论的关键点。如果动物性甲烷对总的二氧化碳水平的贡献量很小，那么，将解决方案聚焦在减少动物性甲烷方面就不大可能对预防海平面的上升起很大作用。启动阶段的后期，填好政策解决方案改变轮后，你会想要画出即将分析的干预因果模型。政策问题的因果模型也服务于另一个功能：利用它们快速地与别人交流你对政策问题的假设。这种交流会引导谈话指向问题的核心部分，让别人完善或评价你的模型，促使你进一步改进政策问题。

Why?（为什么？）"Why?"问题是指为什么必须改进——也就是说，它询问通过政策改变会取得的成果。成果通常沿着一个连续统来描述，从最多到最少。最明显的成果是那些不良后果明确减少了：无家可归的人减少了；没有卫生保健的工人减少了；或者文盲儿童减少了。然而，成果也可以以其他方式呈现。成果可以是关于现有政策的成本。例如，问题可以聚焦在以费用更低的方式庇护无家可归者。成果可以关注平等问题，例如减轻对女性的不平等付酬。最后，成果可以指向自由或权利，例如，保护一个社区避免受到环境灾害的权利。

做政策研究时，你应当尽最大努力使你期望通过政策改变取得的成果具体化。例如，"我们怎样使我们社区无家可归者的数量减少10%？"这一问题就好过简单地提问减少或消除无家可归的方法。为什么具体化更好，有两个理由。第一，具体的改进成果提供了标准，你可以依此了解目标是否已经实现。第二，一个具体的目标可以激发政策制定者的动力。消除无家可归对于政策制定者来说，是一个不值得引起他们注意的、不现实的目标。但是，一个可以实现的 10% 的减少量会更多地引起他们对你的研究的兴趣。

Why Not?（为什么不？）"Why Not?"问题与"Why？"问题其实是同等重要的。"Why Not?"指的是不去解决政策问题的可能理由。也就是说，"Why Not?"指出让事情变好的努力也有可能会产生负面结果的风险。它指出当治疗比疾病更坏的时候会是何种情形。在你对政策问题逐渐熟悉的过程中，粗略记下你想到的那些风险。你会发现，当人们出于良好动机做出政策改变来解决问题时，可能会产生坏的结果。例如，警方加大力度逮捕大麻吸食者，可能会迫使大麻吸食者转入地下，使他们遭受黑市交易及更危险毒品的危害；努力通过人工降雨解除干旱可能会造成洪水和过多的水土流失；阻止二氧化碳排放可能会危害经济活动，增加失业。记录下这些风险最终会帮助你设计出更好的干预措施和执行策略。

在表 2.1 中，我们提供了有关全球变暖和无家可归的政策问题改变轮的例子。

表 2.1　政策问题改变轮示例

减少美国导致全球变暖的来源	**What?** （什么？）	减少发达国家中的无家可归者人数
减少美国之外的其他国家导致全球变暖的来源	**What Not?** （不包括什么？）	减少可能导致无家可归的精神疾病
美国	**Who and Where?** （谁以及在哪里？）	发达国家
燃煤发电厂 + 燃油交通工具 + 动物性甲烷排放物 → CO_2 排放 → 变暖	**How?** （怎么样？）	失业 + 精神疾病 → 缺乏经济、医疗以及社会支持服务 → 无家可归
结果：大范围暴风雨的经济代价，海岸线侵蚀的经济代价	**Why?** （为什么？）	结果：本地企业的经济代价，犯罪的增加，损害了"人皆应有庇身之所"的权利
CO_2 排放合同可能会鼓励非污染者污染环境；阻止排放的努力可能损害经济和就业机会	**Why Not?** （为什么不？）	一些无家可归者对解决方案的反应不积极，对他们的生活强加了更多的限制

既然你已经了解了政策问题改变轮的要素，是开始收集信息填写轮子辐条的时候了。信息收集有两个阶段。在启动阶段，焦点是获得有关政策问题的已知现状的概况。在下一阶段（第 3 章），你会更加详细地分析证据。

要获得有关政策问题已知现状的概况，最有用的来源是独立的、无偏倚倾向的机构编写的政策问题白皮书。对于与私营企业有关的政策问题，产业分析公司［如福雷斯特（Forrester）公司或高德纳（Gartner）公司］和企业综合性杂志（见表 2.2 第 1 行）经常会描述有关行业政策问题及在其他地方已经尝试和成功的干预措施，这些描述会对你有所帮助。如果政策问题有可能被政府和非营利组织作为引领示范的样板，那么不同的文献资料是很有用的（见表 2.2 第 2 行）。例如，对于促进东南亚经济繁荣发展的议题，你也许要做下列文献资料回顾：《经济学家》（*The Economist*），经济合作与发展组织编写的《经济展望》（*Economic Outlook*），联合国开发计划署（United Nations Development Programme，UNDP）出版的白皮书。应当对这些文献进行粗略的浏览，以形成对与什么政策问题相关、文献内容的大致范围、证据类型的印象，你可能会提炼和重构你的研究问题，使之更加具体，并聚焦于未知的领域。

表 2.2　文献资料来源示例

	读者群	政策问题的文献资料来源
1	商业群体	《信息周刊》（*Information Week*）、《商业周刊》（*Business Week*）、《金融时报》（*Financial Times*）、《行政管理信息系统季刊》（*Management Information Systems Quarterly*）、《管理学术透视》（*Executive,Academy of Management Perspectives*）、《斯隆管理评论》（*Sloan Management Review*）、《哈佛商业评论》（*Harvard Business Review*）、《加利福尼亚管理评论》（*California Management Review*）
2	政府与非政府组织	杂志：《国外事务》（*Foreign Affairs*）、《太平洋标准》（*Pacific Standard*）、《国外政策》（*Foreign Policy*）、《哈佛国际评论》（*Harvard International Review*）、《世界事务》（*World Affairs*）、《哈珀杂志》（*Harper's Magazine*） 网站：第四媒体（The 4th Media）、斯雷特杂志（Slate Magazine）、国外关系咨询（Council on Foreign Relations）、国外政策聚焦（Foreign Policy in Focus） 白皮书：美国审计总署、美国国家科学院、美国国家研究委员会、美国劳工统计局、美国国家卫生研究院、美国疾病控制中心、世界银行、联合国、欧盟委员会、东南亚联盟（ASEAN）、《经济学家》、经济合作与发展组织 (OECD) 以及联合国开发计划署 (UNDP)

认真阅读无偏倚文献资料的一个重要作用是找出能够帮助你的人脉。例如，如果你发现某个研究者几年前对某个政策问题发表了具有权威性的综述性研究，那么你可以联系作者，弄清从那以后政策问题发生了哪些变化。

因此，对于查到的每个信息源，你都要采取两个行动。第一，利用政策问题改变轮，记录下有关政策问题的已知的和未知的信息。第二，记录好延伸的、可能加深知识理解的信息来源（人或者文件）。

活动 2.3：使自己熟悉政策问题的 STORM 背景

政策问题改变轮的一个关键辐条是"谁以及在哪里？"的问题，我们称之为政策问题的背景。在本项活动中，我们更加详细地描述背景。用**背景**一词，我们意指相关的条件环境（包括约束条件和能力条件）、人的因素（包括执行者、制定决策者和受影响的人们）、组织以及影响政策问题、改善政策问题必须考虑的资源。背景涉及许多不同的因素，从社会因素到政治因素和经济因素。了解背景中的所有主要的因素是很重要的，这样，在后面的工作中，你就不会因为碰到没有考虑到的事情而惊慌。例如，如果你的政策问题是有关美国印第安保留区的酗酒问题，你忽略了保留区失业的经济背景，你就会无法满足 M2 要求，因为你的政策研究不够全面，不够有意义。

因为全面考察背景中的各种要素是如此重要，所以我们使用 STORM 缩写词来代表社会条件、技术条件、组织条件和制度法律条件及市场条件 (Luo, Sun, & Wang, 2011)。STORM 是一个生动的缩写词，代表任何一个政策问题的背景。我们相信这个缩写词会帮到你，在你已经熟悉了政策问题后，记住要去学习有关背景的重要因素。我们通过表 2.3 总结了 STORM 背景要素。

表 2.3 STORM 背景要素总结表

STORM 背景要素	定　义	举　例
社会条件 Societal	文化的、地理的、规范的、社群的或个体的心理问题或人际问题	生活在难民营中的内战难民经历的心理创伤
技术条件 Technical	任何信息或物质的硬件、软件、技术或工作实务	需要基本的手机配置以便使移动微银行能够发挥适当的功能
组织条件 Organizational	指挥及控制结构，非正式的或正式的影响机制，任务的专门化，亚群体间的边界，在企业正式和非正式组织结构内部如何生产产品，政策问题涉及的社区和家庭	用于相互理解的社会服务机构间的备忘录可能不足以预防无家可归者遭受服务缺失
制度条件 Regulatory	澄清合法和非法活动之间的区别，加强实施机制的力度，强调协调机构的领导力和行动的意图	难以区分合法产品和非法仿制产品对新兴经济中的造假所起的作用
市场条件 Market	造成或减轻政策问题的经济刺激；不做任何事情去改善政策问题所要付出的代价	艾滋病药物生产商之间缺乏市场竞争，影响了发展中国家艾滋病药物的成本

　　填好表 2.3 的内容有助于你保持对一个政策问题背景的要素的追踪。但是，仅仅知道背景条件是不够的，你还要确定要素之间是否相互匹配。如果所有的 STORM 背景条件是相互强化的，无论他们是增强还是削弱了问题，我们说它们在同一个方向协调一致或者发生作用。例如，你的政策问题是一个发展中国家的艾滋病高感染率，如果你熟悉 STORM 条件，你会认识到，虽然技术的、制度的和市场的条件都是朝着支持政策改变的方向，但该国的社会规范使领导人缺乏处理艾滋病问题的勇气。这几个要素间的不协调可能成为政策改变成功的主要障碍，因此对这个障碍就必须正视。另外一些时候，协调的因素可能成为照亮困境的重要的希望之光。要增加政策改变成功的机会，你可能需要找到加强那种要素的办法。

活动 2.4：进行政策问题的利益相关者分析

利益相关者是在政策问题或解决方案中有个人利益的个体、群体和组织。利益相关者会给你解决问题带来帮助或阻碍，因此，最起码你必须理解他们的观点。如果你能将主要利益相关者的观点纳入政策研究设计中，会增加你成功的机会。因此，你必须确保你拥有一个全面的主要利益相关者群体的名单。

你也许通过自己熟悉的渠道，确定了最重要的利益相关者群体。列出一个名单，粗略记下他们在政策问题中扮演的角色。例如，你将要干预的目标群体是实际的或潜在的疟疾患者，非政府组织可能是此项干预（如提供蚊帐）的潜在资金来源。

确保你拥有一个全面的利益相关者群体名单，并问自己有关名单的下列问题：

•你的利益相关者名单是否包括了你分析的重点单位（政策改变的接受者或目标群体）？重点单位是指政策研究过程的主要关注的个体、群体和组织等。例如，赞比亚的疟疾问题，你可以确定重点的利益相关单位是高疟疾发生率的城市，因为城市人口密集造成感染的传播，市政府可能是管理干预措施（例如，喷洒灭蚊剂、消除死水、分配蚊帐）的上佳人选。市领导人或卫生健康机构可能是代表重点单位的最合适的组织。

•你的名单里包括那些对重点单位有权威或影响的人吗？你可以运用系统理论的向上两级拇指法则来识别这些利益相关者群体。例如，市级机构隶属于地方委员会或政府单位，反过来地方委员会或政府单位又被全国政府所影响。这些更高层级的政府是你在分析中应当考虑的利益群体。

•你的名单里是否包括了重要单位的亚群体？这里你可以使用向下两级拇指法则。城市内有能够提供干预帮助的社区委员会和小诊所。社区内是由个体组成的家庭，他们是可能感染疟疾的风险人群，他们的行动是任何干预成功的关键。

•你的名单里是否包括了"消费者"，比如，依赖重点单位的产品或服务的组织和人群？在赞比亚城市的案例中，一个可能的重要消费者群体可能是雇用居民的企业。这些雇主可能拥有帮助解决问题的知识和资源（一些消费者群体可能会给改变制造障碍）。

•你的名单里是否包括了"供给者"，即给你的重点单位提供必需的商品和服务的人？受疟疾感染的城市的重要供给者是地方卫生工作人员和国外药品公司。

•你的名单里是否包括了"调节者"，也就是说，除了已经考虑到的那些群体之外，制定与政策问题相关的规则或管理资源的其他群体。在疟疾案例中，调节者可能包括非政府组织、慈善组织和许多类型的基金会。

你一旦确定了利益相关者群体，你需要理解他们的利益或看问题的观点。有时候，你只需要通过你熟悉的流程做到这些。然而，因为你想要他们参与到你的研究中，你需要会见关键群体的代表，并与之交谈。你不可能问："你认为问题的因果模型是什么？"但是，你可以发现，他们对问题是怎么想的，这么想的原因是什么，就此可以做些什么。你可能会有一些吃惊！例如，你可能会知道，村民的头儿并不认为疟疾是个问题——它只是他们正常生活秩序的组成部分。

你应当期待发现各利益群体意见的不同。作为一个政策研究者，你的部分角色就是意识到这些不同，如果它们出现了，就在你的因果模型中准确地描述它们，并努力发现共同的基础。例如，如果一个观点认为水坝是产生死水的原因，另一个观点认为关键在于缺乏适当的下水道设施，你则可以通过聚焦当地水资源，去发现两个观点共同的基础。一旦你确定了利益交叉的地方，你就可以在交叉的地方重构你的政策研究问题。

考虑到潜在的利益相关者群体数量众多，你可能不能发现全部的交叉领域，但是你应该可以画出大多数的交叉领域。这种时候就可以评估利益相关者与你重构的政策研究问题的一致性程度了。在这一评估中，你应当按照他们对你的政策的支持方向和他们影响决策和资源的能力来衡量利益相关者群体。图 2.3 展示了一个评估的例子。如果完成此项评估后，你得出的结论是：利益相关者群体对你的政策研究几乎没有什么支持，那么，你可以再一次重构你的研究问题。或者，你可以不管怎样先行一步，因为你相信你的研究会为被忽视的群体发出声音。也许，在你收集了更多的证据后，你将能够让另外的利益相关者参加。

图 2.3 中假设的例子聚焦于全球变暖这一政策问题。在这个评估中，你确定了美国国会委员会成员是全球变暖的关键决策者。另外六个利益相关者群体对此政策问题也发挥作用，不同程度地影响到决策者。每个群体对关键决策者的影响力或权力通过决策者和利益相关者之间的相对距离在图中表示出来。在图中，利益相关者与决策者的距离越近，利益相关者的权力就越大。在例子中，燃煤工厂和汽车制造商比环境保护群体或备选燃料供应商对决策者的影响更大。图中加号和减号的数量，表示对政策改变的支持或反对的程度。图右侧的利益相关者(汽车制造商、燃煤工厂和大型养牛农场主)强烈反对将全球变暖视为一个值得通过政策改变的问题。相反，环境保护群体、备选燃料供应商和科学家强烈主张要采取步骤减轻全球变暖，对你提出的备选的政策改变研究持开放的态度。通过图 2.3的评估，你可以了解对你的政策建议是否有足够多的支持，是否有

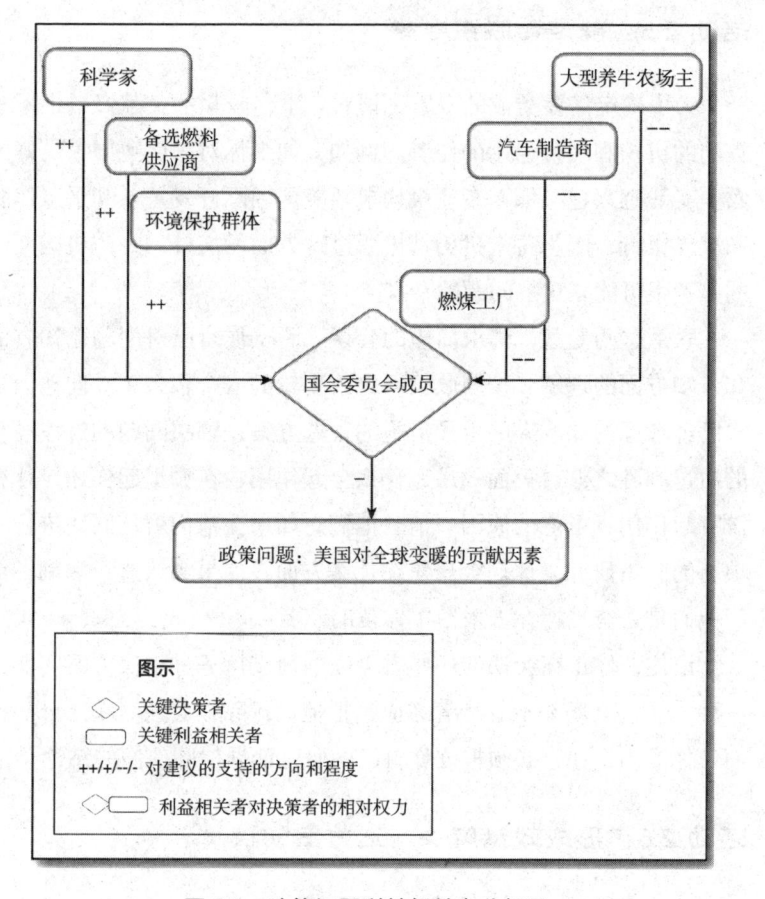

图 2.3 政策问题利益相关者分析图

足够多的资源去实施政策。在这一假设的例子中，前景看起来比较暗淡。

如果你的利益相关者分析取得了类似的结论，你需要做出选择。你可以继续研究这一问题，期望你的研究能有足够的推动力来消除反对意见（无论怎样我都要研究它的选择）。或者，你可以通过妥善解决利益相关者反对意见的方式重构政策研究问题（让我们妥协的选择）。像图 2.3 中的政策问题，看起来是无法取得妥协的，但是如果你把焦点放在共同基础上，那么达成妥协就是可能的。

活动 2.5：确定和联系专家

为了确定需要交流的专家，请看一下你收集的文献资料中不断
提到的机构和经常引用的作者。例如，如果你对东南亚国家更好的
农业实践感兴趣，那么专业机构包括美国国际开发署、和平工作队
和世界银行，因为每个机构都出版过这方面的文件。一个机构文件
的作者很可能是这一问题的专家。

联系这些专家，请求简短的会谈。测试你自己对问题已知方面
和未知方面的理解（按照政策问题改变轮的六个辐条）。向他们请
教已经考虑的和放弃的干预措施的备选方案，解决问题的过往经验
的出奇制胜之处、负面效果，什么会起作用、在哪里起作用，什么
没有起作用、可能的原因。请教他们，如果让他们就该问题进行一
项新的政策研究，他们会聚焦在什么方面。如果会谈进行顺利，询
问他们是否有兴趣在未来给予你帮助。

记住，你正在会谈的一些人会强烈地支持一种解决方案而非另
一种。这些立场并不意味着你应当把他们排除在会谈名单之外。然
而，你应当记住，必须根据你自己的研究证据检验他们的结论。

活动 2.6：形成政策解决备选方案初稿

研究工作做到现在，你已经使自己熟悉了政策问题，包括你的
政策问题改变轮、政策问题的 STORM 背景以及利益相关者对问题
的因果模型。现在是把这些信息更系统地整合在一起来确定一套你
的解决方案的时候了。你应当列出与你的因果模型有关的可能的解
决方案，或者是因为这些方案改变了形成问题或抑制问题的条件，
或者是因为这些方案改变了初始条件与结果之间的联系机制。也许
你想到的疟疾问题的可能的解决方案（也被称为干预措施）包括拆
除河里的水坝，改善环境卫生，喷洒灭蚊剂消灭幼虫，提供蚊帐，
迁移村民，提供替代的药物治疗，等等。你计划要评估的干预措

施应当通过 M2 检测，对你来说是可行的，对政策制定者来说是有意义的。这些干预措施还应当与你已经知道的利益相关者有关联。

下一步，你应当运用政策解决方案改变轮来组织你所了解的干预措施。政策解决方案改变轮与活动 2.2 中的政策问题改变轮近似，只是你现在要把干预作为你的"What？"（什么？）问题代替一般的政策问题。

政策解决方案改变轮要求你回答一系列简短的有关干预的问题。回答"What"（什么）问题意味着描述干预措施本身。通过"What Not"问题（不包括什么）确定你有意不去做进一步分析的干预措施。"Who and Where"（谁以及在哪里）要求你描述干预措施的 STORM 背景（比如地理位置、文化和时间框架）包括干预针对的直接焦点人群。"How"（怎么样）描述通过什么方式使人们相信干预措施能发挥作用，它提供干预的因果模型或理论。注意，不同的干预措施可能有不同的因果模型。另外，正如第 3 章中讨论的那样，任何干预都会有几个竞争性理论。当你遇到它们时，试着持续追踪这些变量。"Why"（为什么）指的是期望干预取得的结果以及应当实行干预的理由。最后，"Why Not"（为什么不）指出了当实行干预时必须防范的风险。这些具体问题见图 2.4。

举一个使用政策解决方案改变轮的例子，布里斯托尔（Bristol，2007）检验了撒哈拉以南非洲妇女中艾滋病的感染率，因为非洲人占据了世界艾滋病感染人口的 24%，然而只占全球健康劳动力的 3%（"Who and Where"）。显然那里需要有新的建立在证据基础上的干预，数十亿美元已经被投入到这一体系，这里实际上只有 28% 的艾滋病患者接受过必要的抗艾滋病病毒药物治疗（"Why"）。要想保持在减少艾滋病工作上已经取得的成果，简单地改变方向，将资金从欠发达国家抽取回来是不合适的（"Why Not"）。因此，对艾滋病患者的卫生健康干预的焦点必须从由外国投资者和捐赠者输入资金转向现有的援助体系（"Why Not"），将处置的焦点放

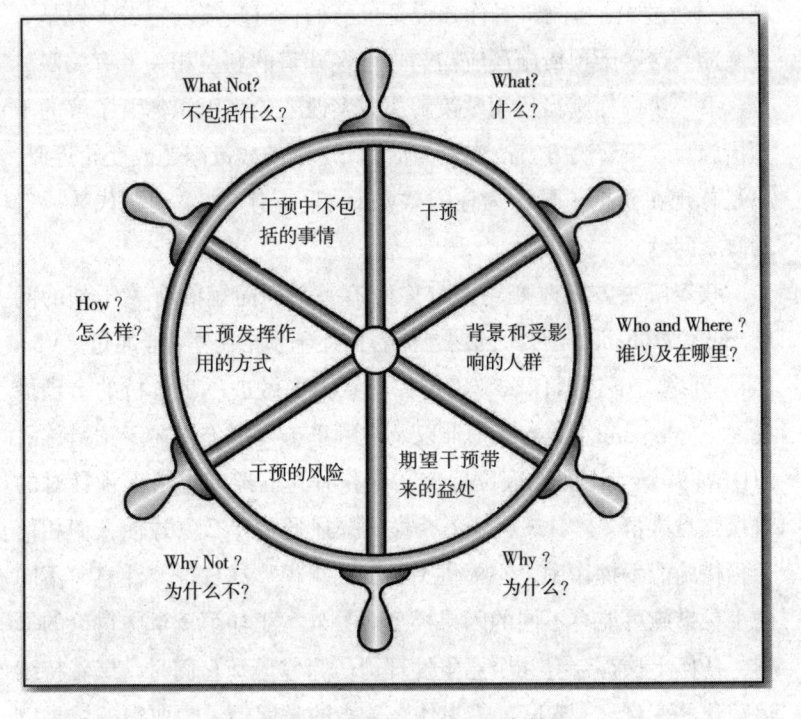

图 2.4　政策解决方案改变轮

在艾滋病预防上。干预建议要改变人们的行为以及长期存在的贫穷和性别不平等（"What"）。干预背后的基础理念是，如果当地领导人能够改善与性别不平等有关的行为，那么被感染艾滋病的男人所伤害的妇女会减少（"How"）。

图 2.5 以某农村地区减少肺结核为例，展示了政策解决方案改变轮。

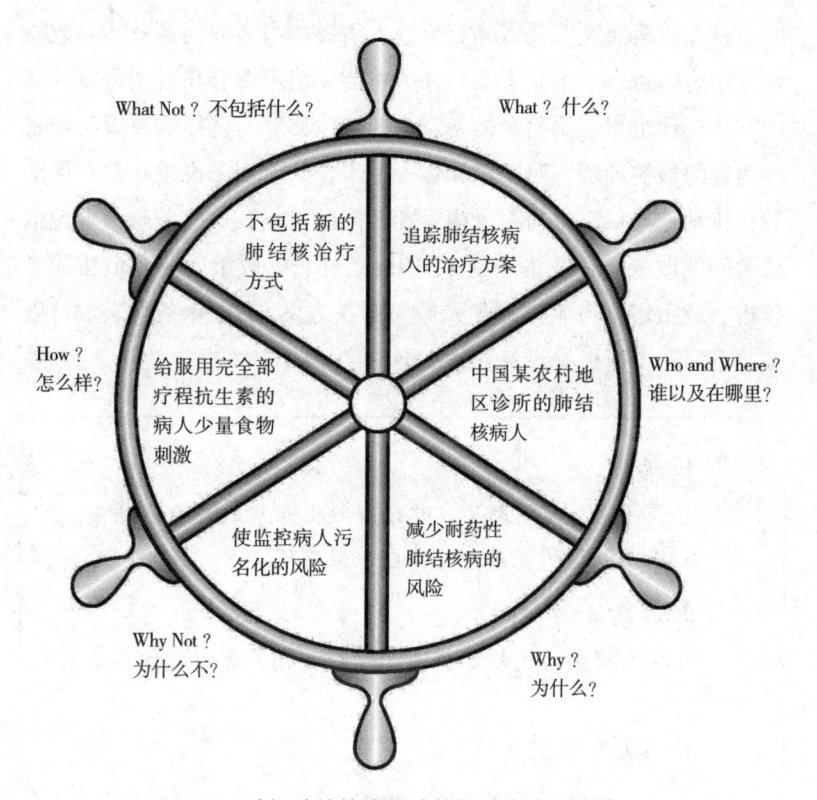

图 2.5　减轻肺结核病的政策解决方案改变轮

启动阶段的交付成果

在启动阶段要产生两项交付成果：你的重构的政策研究问题和相伴的评估（2.1）以及顾问名单（2.2）。在准备这些交付成果的过程中，要记住两个追踪指标。两个交付成果应当满足 M2 测试，并使利益相关者参与其中。

交付成果 2.1：重构政策研究问题

我们并不十分相信那些长篇累牍的摆放在书架上的众多报告。

但是，在政策研究中要做到有成效，需要相当多的沟通——多数需要用精确的备忘录记录下来，并尽可能多地用图表和直观可视的辅助方式呈现出来。用简短的备忘录捕捉住你对所选择的政策问题已知内容的最初理解，对于正和你一道工作的人们来说是非常有帮助的，特别是当备忘录与附录内容相匹配的时候，这些备忘内容包括政策问题改变轮、政策问题 STORM 条件表、政策问题利益相关者分析、政策解决方案改变轮及政策解决方案 STORM 条件表。可以按照下列基本模板撰写备忘录大纲。

---

1. 导论：
a. 最初的研究问题（在启动阶段你开启的那个问题）。
b. 正在做的研究是为了哪些政策制定者。

2. 方法：
a. 政策问题的文献资料来源，利益相关者以及你咨询的专家。

3. 分析：
a. 政策问题改变轮和因果模型。
b. STORM 背景一致性分析。
c. 与政策问题结果有关的利益相关者分析。

4. 结论：
a. 重构研究问题，使之聚焦于未知领域。
b. 你将要进一步评估的（以及不需要进一步评估的）一系列干预措施（政策问题解决方案）。
c. 政策解决方案改变轮和因果模型。

交付成果 2.2：列出顾问名单

促使利益相关者参与并使他们之间达成一致的方法是让他们参

与到你的政策研究过程中。每个政策研究过程都应当有一组顾问。顾问应当是那些重要利益群体的代表以及专家。群体的规模大小不那么要紧，他们也不需要一起见面，甚至他们没必要公开宣布与你之间的友好关系。然而，如果你正在为一个非政府组织或一个参议员工作，拥有一个正式指定的顾问委员会可能在政治上是非常有用的，委员会实际上可以作为实体定期见面开会，因为这可以增加你的政策研究的合法性。另外，如果委员会的成员来自多党派，那么它可能会有助于使别人相信你的政策研究过程是无偏向的。

顾问的主要责任是在整个政策研究过程中与你进行非正式的交谈，并对你做出的计划、结论和建议给予反馈。最好的顾问是学识渊博的人，并且关注政策问题及其潜在解决方案，思想开放，愿意做你的良师益友。学识渊博的顾问拥有丰富的本领域政策研究经验（例如，他们已经撰写过文献综述型评论或从事过该政策领域的研究），对政策问题拥有实际体验（例如，是家庭暴力研究中被虐待的受害人），能够提供服务或研究资金或干预。然而，不是所有学识渊博的人都是思想开放的。要尽量避免选择那些强烈赞成唯一解决方案的人作顾问。相反，要选择真正对政策问题有更多学习兴趣的人作顾问。

最好的顾问是很忙的人。你可以为他们提供什么来交换他们的建议和时间？你可以对顾问提供的帮助给予荣誉。对他们感兴趣的研究报告，可以提供机会使他们成为报告的共同撰写人。在与别人分享结论前，你可以与顾问讨论你的结论。你可以对他们的帮助表示感谢。最后，你可以为他们提供与其他顾问建立人际网络的机会。这对于从事商业政策问题的顾问来说特别有价值。精心策划的可供分享观点的各种机会——电话、网络或亲自见面——经常会为顾问的参与提供重要的动力。

顾问团队的作用不仅仅是提供建议。也许，甚至更重要的一个目标是获得被称作**买入**（buy-in）的东西。当利益相关者**买入**你的研究时，代表因为他们有机会以提供更好的解决问题的方式提供信息和确定研究方向。**买入**并不意味着顾问委员会中的参与利益相关者同意你建议的所有事情。它只是意味着他们支持这个研究，因为他们曾经与你一道工作。总之，拥有顾问名单有助于获得专家知识，获取其他资源，得到政治上的支持。

结论

　　最初的政策研究问题经常是别人为你设立的，但是你不应当简单地假设这就是设计研究架构的最佳方式。研究问题是至关重要的，因为它吸引了你的注意力，并给你的思考范围设立了边界。本章的目的旨在使你能够重构引领你未来研究历程的其他部分的研究问题。启动阶段是让你学习足够多的相关政策问题知识，以便能够架构出一个好的问题。政策问题改变轮和 STORM 背景一致性分析帮助你理解不同的群体可能会对你的最终建议有怎样的反应。所有的启动阶段的步骤帮助你将研究的问题聚焦在当前未知，但又必须去知道的领域，这样做是为了找到政策问题的好的解决方案。这一过程中利益相关者的参与至关重要。

　　如果你拥有了一个有意义的并具可操作性的政策研究问题，并且在对政策情形的理解中对 STORM 背景条件中的一致性是敏感的，也已经找到将参与政策研究进程的随后阶段的利益相关者，那么这时就可开启研究历程的下一阶段——合成现有证据。

練 习

　　1. 就一个你感兴趣的政策领域（例如无家可归、水利灌溉、全球变暖）确定至少五个能为你提供可能有帮助的信息的网站。主办网站的组织对某套解决方案是否有鲜明的赞成（或反对）的倾向？你怎么发现的（你得出结论的证据是什么）？

2. 针对某个政策问题，确定至少五个关键的利益相关者，并解释他们利益的性质。

3. 在某个政策领域至少确定五个专家，描述他们的专业资源和性质，解释你是如何确定他们的。

4. 针对某个政策领域，提出至少五个不同的政策研究问题。在每个问题以及一整套问题中涵盖了多少轮辐和 STORM 背景要素？你认为哪些问题更好（更有意义和更可操作）？为什么？

思考笔记

第 3 章

合成现有证据

概要

在启动阶段，你熟悉了政策问题，并在顾问的帮助下重构了政策研究问题。现在，是基于你能够找到的最佳证据尝试回答该问题的时候了。在这个阶段，你收集他人在政策问题上的研究，总结调查结果，然后加以综合以便提出对这些已知答案的最佳评估。你也要想清楚你对这些答案有多大的把握，哪些重要的问题仍然是悬而未决或是不确定的。合成现有的证据仍有挑战性，但对整个政策研究过程中所取得的成功仍然是至关重要的，因为合成证据往往是政策建议取得成功的依据。在合成现有证据的最后阶段，如果你对自己的结论很有把握，你可以直接进行政策建议的设计，而这些会在第 5 章进行讨论。然而，如果你没有足够的证据，或对证据的信心不足，下一步则是去获取新的证据，这将在第 4 章进行讨论。在合成现有证据阶段，这两种活动和这两种可交付的结果可见图 3.1。接下来，我们讨论可以用来追踪这个阶段进展情况的指标。

追踪进程的指标

你可以通过你所了解的有关重构政策研究问题的现有证据，以及你能评估的现有证据的有力程度（因为这会告诉你从现有证据中得到的结论有多大的把握）来追踪进展。接下来将讨论这两种指标。

追踪指标 3.1： 有关证据的知识

在你熟悉了政策领域的起步阶段，你会获得许多不同种类的信息，其中也包括一些没有证据支持的观点和理论。到了现在这一阶段则要把重点放到现有证据，也就是相关的事实或数据上，例如真实事件、人们自我报告的经历和严谨科学观测出来的数据。在政策研究过程中，提供相关数据的文件构成了证据的主体部分。当然，对于你的研究来说，并非所有文件中提供的证据都同等相关或具有同样高的质量。但你仍然需要证据去说服政策制定者接受你的政策建议，而不仅仅是观点和理论。

为了扩展证据，你需要有技巧地去寻找文件中的证据，并评估这些证据的相关性和质量。这里的质量是指你查阅的文件中所包含的证据是否公正、准确、适用和可核查。这里有很多你可以用来评估证据质量的指标，比如它的来源（是高品质的科技期刊还是通俗杂志）、作者（独立的还是由既得利益的一方赞助的）、用来生成

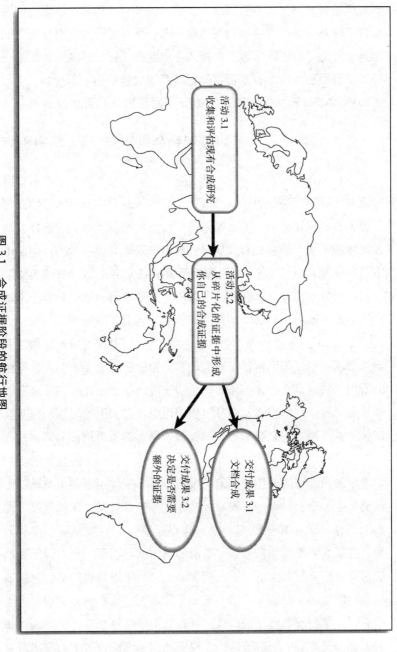

图 3.1　合成证据阶段的航行地图

活动 3.1
收集和评估现有合成研究

活动 3.2
从碎片化的证据中形成
你自己的合成证据

交付成果 3.2
决定是否需要
额外的证据

交付成果 3.1
文档合成

证据的程序（是对照实验研究还是非结构观察或访谈），以及文件的完整性（是细节充分的还是没有细节的高度总结的报告）。举个例子，由著名科学杂志发表的，以独立的、大学师生为主的研究团队所做的研究报告指出，在许多非洲村庄，使用经过杀虫剂处理的蚊帐的村庄与那些没有使用过的相比，疟疾感染的发病率更低。这样的报告通常被认为是高质量的证据（Lengler,2004）。有位化学制造公司的工作人员在杂志上发表文章说，一个村庄中几个人认为他们被蚊子叮是因为不常使用蚊帐，这样的引述则通常被视为是低质量的证据。

评估证据质量需要你做一些判断，这样做之所以很重要，是因为证据的质量决定了你对得出的结论有多大的把握。但是，你也要知道跟你的政策内容密切相关的确凿证据几乎是不存在的。但这并不意味着你不能从零碎或低质量的证据中得出结论，你仍然需要很仔细地去寻找证据。

现有证据的相关性是很重要的，因为你的政策研究问题的细节决定了什么是高质量的证据。如果你的问题是"在亚马孙河流域，处理过的蚊帐是否有助于预防疟疾感染"，那么，描述在非洲村庄中使用蚊帐经验的文章，相比亚马孙河流域各种治疗疟疾感染的有效性对策的研究，前者与你的问题更为相关。你会发现在政策研究过程的合成证据阶段你要做很多的判断，去检查每条证据的质量和相关性。

追踪指标 3.2：证据有效性的评估

当你整理与政策研究问题相关的证据时（评估每个文档的质量），你将考虑所有聚集的证据是否足以支撑你的政策建议。这是一个主观判断，不只是判断单个证据的质量和相关性，而是将所有的证据看作一个整体。假设你的政策研究问题是"罗得岛州上最有效的信息隐私政策是什么"，相对于有效的政策，你或许会发现更多无效政策的证据。在此证据的基础上，你或许会得出结论说，在你提出有把握的政策建议之前，还需要收集更多的证据，不管是由你抑或是他人来收集。再举一个例子，远程医疗（利用电信技术提供医疗服务）可以准确诊断皮肤病学和精神病学，你可以发现关于这个的强有力的证据，同时病人也很认同这样的证据，但是你仍然不能因此确定远程医疗和面对面的骨科护理哪个成本更低。

当你评估证据的有效性时，除了证据的数量和一致性，你还应该考虑它的质量和相关性。你是否有足够的证据来验证你的答案？是否所有的证据都指向一个方向？评估证据主体的有效性就像执法人员决定起诉犯罪嫌疑人的犯罪行为。侦探可能对他们在弹道学、手指印和追踪证据方面的分析很有把握，但律师可能认为这些作为一个整体还不足以让嫌疑人在法庭上被起诉，毫无疑问这是因为没有充足的证据指证犯罪嫌疑人。

总之，当你提政策建议的时候，你要确保你能提供证据支持它们。如果现有证据足够有力，你就有把握立刻提出建议（第 5 章）。如果不够有力，你可能需要收集能体现一个或更多细节的更多证据（第 4 章）。现在让我们把目光转向那些有助于判断证据的活动。

合成现有证据阶段的活动

合成现有证据阶段有两类活动：

活动 3.1: 收集和评估现有合成研究
活动 3.2: 从碎片化的证据中形成你自己的合成证据

合成现有证据阶段的起点是你在启动阶段所创建的成果。如果没有仔细地重构政策研究问题，那么问题和解决改变轮（包括问题的理论和因果模型及干预措施），还有包括 STORM 条件和利益相关者分析在内的其他工具也会发生改变，你将很难解释这些证据，你也很难评估其质量、相关性、数量和一致性。举个例子，你会发现在关于早教是否有助于帮助孩子之后成长的问题上，两个高质量的研究可能会得出完全不同的结论。这种不一致的结论是否意味着证据作为一个整体本身就很无力？答案是不一定，有可能这两个研究已经测试了不同的理论或因果模型。根据你的理论，你可能会判断出哪一个与你的研究更相关。所以，起步阶段，你自己的前期工作很重要，基于此，你才能实现合成现有证据的目标。

这就是说，在合成现有证据阶段，如果别人已经帮你完成了很多基础工作，你做起来就会更容易一些。因此，在这个阶段，你的首要任务就是找到和评估与你的政策问题相关的已经发表的研究（活动 3.1）。你可以将合成研究视作对已经公开发表的研究成果的研究。与原始研究相比，合成研究在质量上，以及与你的研究问题的相关性方面，呈现出相当大的不同。（而且如果有多个合成研究，它们可能会呈现不同的结论。）

如果没有任何公开出版的合成研究，那很可能是因为没有证据（发表的研究成果太少），或者证据主要是描述性的和定性的，而描述性的研究很难将其很好地综合起来。在这种情况之下，你需要收集和解释碎片化证据的存在，并且决定是否使用它们来回答你的研究问题（活动 3.2）。

活动 3.1：收集和评估现有合成研究

学术期刊是评述现有证据的各种主题的论文的良好来源。然而，论文综述的作者并不总是有明确的政策研究问题来使他们的结论聚焦，并不总是用系统或广泛的程序去选择和评估证据，也并不总是用他们使用的这些程序去展开他们的评论。更系统的程序对实际决策的研究回顾更有用也更有把握，像主要涉及药物方面的考昆协作网和主要涉及教育、刑事司法和社会福利方面的坎贝尔协作网这类的组织就设置了协作和高质量研究合成的指南，而这就叫**系统回顾**（systematic reviews）。

考昆协作网提供了一些如何做系统研究回顾的具体建议：

- 开始时要有一个明确的和有界限的政策问题（通常是关于特定干预的效果）。
- 在多个数据库中使用多种搜索条件来寻找相关研究，因为在不同的领域中，研究者可能会用不同的术语来描述同一件事。
- 除了已公开发表的研究之外，也要寻找未发表的研究，因为可能存在对得出负面结论的、正待发表的研究的一些偏见（比如说干预没有作用），或者是因为研究结果与之前的研究一样而未被发表。（但这些对实践者来说其实是重要的，因为他们会增加对干预工作的把握难度。）
- 在决定研究结果有多重要之前，应当基于原始的研究者所使用的程序，去认真评估单个的研究。（比如相对于描述性研究来说，有对照组和随机分配被试的研究往往被认为是更高质量的研究，虽然这不一定总是正确，接下来我们会对此进行解释。）

这些个人指南都可以拿来进行讨论，但是，总的来说，你可以使用它们来帮你判断一个系统研究合成的质量。此外，如果你完全靠自己来进行证据的合成，那么，这些准则将会非常有用。

在许多政策领域，包括企业管理领域，现在都已十分重视提供系统评价，因为这些评价有利于政策制定者去确定和实施循证的最佳实践(或者至少是更好的实践)。表3.1列举了一些系统评价的来源。

你可能会发现系统研究的合成有利于你回答某些政策研究问题。（系统评价通常发表在学术期刊上，但是评价的标题和摘要通常可以在类似于表 3.1 所列举的网站上找到。）举个例子，在疟疾感染的药物治疗领域之外，还有很多在非医疗的疟疾预防领域的系统评价。

表 3.1　循证研究的几个来源

来源名称	描　述
考昆协作网（www.cochrane.org）	帮助病人、健康护理提供者、政策制定者、其他有关健康护理的知情决定者； 在英国由一个机构带头，若干单独机构组成的已注册的慈善机构
坎贝尔协作网（C2; www.campbellcollaboration.org）	提供、维护和合成关于教育、刑事司法和社会福利方面的文献回顾； 形成来自不同背景自愿参与的研究者关于社会干预效果的评价
EPPI 中心：政策与实践信息的证据（eppi.ioe.ac.uk/）	致力于产生有关教育、健康促进、就业、社会保障、犯罪与司法适用协作关系的评价； 进行培训和研讨系统研究合成
杰弗瑞菲佛和鲍勃萨顿的循证管理网站（www.evidence-basedmanagement.com/）	鼓励通过搜寻所提建议中的风险和缺点来进行实验和推进演变
哈佛大学肯尼迪学院新闻工作者资源（www.hks.harvard.edu/gateway/media）	学术研究者提供高质量和及时的以政策为中心的原始研究，聚焦于环境变化、刑事司法、劳动问题、企业问题等主题

已经发表的系统评价可以作为一个起点，但是通常不足以支撑你想要做的各种政策建议。有很多原因造成这种情况。比如这些评价已经过时了，由于出版滞后，今年发表的评价中可能并不包含过去几年中所发表的研究。在研究活动很广阔的领域中，系统评价可能需要经常更新以反映最新的证据。这些评价可能也无法满足你特定的政策研究需要。举个例子，评价涉及的内容可能是干预对于犯罪侦查的效果，而你感兴趣的是干预对于犯罪预防的有效性。

现有评价不足的另一个原因可能在于它没有解决具体情境中的问题（"是谁"和"在哪里"）。举个例子，当你的研究兴趣点在亚马孙地区的时候，这些评价可能包含了在非洲的研究。在某些情况下，连评价所包含的研究中的"When"（何时）也可能影响对当前政策建议有问题的支持，因为研究中可能涉及了一些旧的技术。举个例子，对疟疾防治的环境管理（比如沼泽地排水）研究的系统评价发现，大多数的研究都是在 1955—1969 年的全球疟疾根除运动中进行的，因此，在很大程度上，那些研究都依赖于 20 世纪初期进行的研究（Keiser, Singer, & Utzinger, 2005）。即使你愿意接受那些老证据的有效性，环境背景的适当性也是至关重要的。举个例子，对疟疾感染，非洲医学研究基金会一般不支持减少环境管理方面的投入，因为蚊子是非洲赤道地区疟疾感染的罪魁祸首，雨水池若不能靠排水工程有效预防积水，则积水很容易滋生蚊子从而导致疟疾（African Medical and Research Foundation，2006）。

回顾评价通常也不能解决一些具体问题，比如你需要理解如何做出令人信服的建议，诸如那些干预为什么会起作用，它潜在的负面影响，实现它的必要要素（比如资金、组织支持和培训）。你经常需要这些信息来赢得决策者去支持你的建议。

回顾评价可能仅仅揭示了能支持一个令人信服的政策建议的好的现有证据很少。即使在政策领域有很多研究存在，研究能够提供的相关信息很少，而研究本身也尚无定论。

如果你的政策问题没有系统评价，或者你不相信现有的评价足以支持你需要做的政策建议，那你应该怎样做？如果找不到有关你的主题的系统评价，那这可能是一个标志，表示你的研究问题极少有原始研究。举个例子，信息隐私政策的有效性研究可能只有少数发表成果。像这种情况，你就不应该放弃，你可以从紧密相关的研究中得出有用的结论，比如对信息安全政策的有效性研究。

另外，也许目前没有以系统评价的一般指导方针进行的合成研究（比如与控制组比较结果的定量研究），但可能有一定数量的详细观察研究（比如个案研究、访谈研究），描述了干预实施下的个人情境。在许多社会政策研究领域中，观察性研究十分常见，因为干预措施通常很复杂，而且跟局部性条件高度相关。相对于比较研究而言，这些研究更难综合，但它们却可以告诉你更多，让你更能知道如何设计出与环境契合的建议。这便是活动 3.2 的用武之地，活动 3.2 就是如何从现有的碎片化的证据中来合成你自己的研究证据。

活动 3.2：从碎片化的证据中形成你自己的合成证据

为了充分利用碎片化的和低质量的证据，从你的理论或干预因果模型开始是十分有用的（参见第 2 章）。换言之，就是去发现干预行为是怎样和为何起作用的（即带来预想中的结果）。举例而言，在解释为什么早期童年发展项目，如起跑线计划能帮助孩子在学校表现更好，并使他们在长时间内发生较少的社会问题或健康问题（例如：药物依赖）方面，就有至少四个不同的理论。这些项目之所以被认为是成功的，是因为：（1）它们提升了孩子们的认知能力和智力能力；（2）提高了孩子们的社会竞争能力和社会合作能力；（3）提高了孩子们保护和保健措施的使用频率，因此，能及早发现并纠正那些阻碍孩子学习的问题；（4）通过父母双亲参与孩子学习过程，提供了一个支持性的家庭环境，有助于孩子认知能力、社交技能的提升（Anderson et al., 2003）。像这样的不同理论都很重要，有许多原因可以说明这点。首先，它们可以解释在研究过程中相互矛盾的发现，当你认识到这点后，你会对你的结论更有信心。另外，它们也会提示不同的干预（或干预变异形式）建议，这些有助于使干预在你所处的背景环境下更好地发挥作用。最后，它们也会迫使你重新思考你自己的理论，毕竟，你的建议的好坏最终取决于建议所依据的理论，所以，要充分利用好思考选择的机会。作为政策研究者，你的一部分工作就是利用现存的证据来区分哪些理论为问题提供了最好的解释，为什么介入模型能发挥作用，由此你的政策提议才会令人信服。

　　有时，关于研究主题你所能寻找到的证据也许就是一些个案研究。个案研究的特点是它们丰富的事实细节，因为它们只检验一个或数个个体案例。假如你发现你已经陷入这种情况，那么请你仔细阅读这些研究，并评估这些研究是否提供了你的政策解决改变轮的相关元素，包括干预的替代理论，前提是确实有这些干预理论。为了系统化地操作这些，你也许会想构建出一个像表 3.2 的模板，为你阅读过的研究做笔记。在这个假设的例子里，这些笔记可以处理：（1）个案研究的"谁和在哪里"，即研究的"参与者和地点"，因为这些可以帮助你评估相关性；（2）有没有什么研究结论（"为什么"）与你所调查的四种替代理论相关（"怎么相关"）；（3）当实施介入时，评估其行动措施（"做的什么"），这个可以为你的提议添光加彩；（4）你对这些研究质量的评估。你可不想在条目栏里只写"对"或者"错"吧，那么你就要好好总结这些研究里的信息，这能帮助你总结出这条学术小径是否重要，或者有没有一种路径是可行的，或者其他。

表 3.2　儿童早期发展项目合成个案研究的示例模板

从每个个案研究中搜索的信息类别	个案研究例子
背景（谁和在哪里）	圣路易市，90 个孩子，主要是拉丁美洲人
结果报告（积极的和消极的），如更高的毕业率，项目的中途退出	在该方案 12 年后，除了 5 名学生以外的所有学生还在继续上学，而且不是留校察看
有没有证据表明该方案中的孩子有更好的认知表现？	没有证据
有没有证据表明该方案中的孩子有更好的社会技能？	通过对该方案实施前后的学生进行观察，发现学生能更好地互动，而这不只是因为年龄
有没有证据表明该方案中的孩子从健康检查中获得好处？	没有证据
有没有证据表明该方案中孩子的父母会更多地参与他们的教育？	家长经常参观孩子的教室，而且每周陪孩子阅读
实施问题	每周为家长组织集会
评估研究质量	高

创建和填写如表 3.2 中的模板需要记住几件事。首先，你应当依据你的研究问题和你的政策解决改变轮调整模板，包括备选干预的理论（如果有的话）。不存在可以适合所有政策研究的标准模板。第二，当你总结结论时，你绝不能只记录运行良好的事物。你同样需要记录没有发生改变的事物，即使已经预料到它们会如此。你应该特别注意非意图性后果，尤其是负面的，因为它们或许可以表明为什么你不应当干预（"为什么不"）。令人开心的惊喜也值得记录，因为它们揭示了采纳你的建议的附加理由。第三，你也许还想标记有关干预的任何特别的方面，以及可能会影响结果的干预的实施方式。有关例子，包括物理环境的性质（比如令人愉快的、荒废的），使用的技术的种类，额外的训练和支持，对于好的表现给予的奖励，等等。这一类信息能够为你提供强有力的线索——为什么干预在有些情形下能够生效，但在另一些情形下却不能；干预是否能成功地适应你所处的环境从而生效。最后，正如下文进一步详细讨论的，你也许想对每个研究的质量都进行估计，以确保你给出的评价是恰如其分的（但是不能太多）。

碎片证据法曾被用来评估《梅根法》的效率，该法对性罪犯者进行了登记，并通告社区这些罪犯的现状，努力预防他们再度犯罪 (Pawson, 2006)。对《梅根法》进行合成研究的政策研究者没有找到足够多的、能够让他们得到常规的系统评价的研究成果。例如，很少有研究比较登记在册的犯罪者和对照组的再犯罪率。（一项研究指出再犯罪率没有显著的区别，但是确实发现，惯犯比性侵初犯者更容易被逮捕。）不过，有大量研究聚焦了这一政策领域的不同方面。

哪怕缺乏连贯一致的证据，政策研究者也能够用不同的方法，从质量参差不齐、关注主题不同侧面的许多研究中将那些碎片化的证据拼凑起来 (Pawson, 2006)。通过合成碎片化的证据，研究者可以得出结论，《梅根法》的结果并不如预期那么好，市民、执法人员和惯犯并不总是像干预理论所预期的那样，在实施过程（登

记、通知、社区回应和罪犯的回应）的每一个步骤中，现实都与
预期有巨大的差异，而且实施过程中的每一步都对整个过程有着
重要的影响。如表 3.3 所示，《梅根法》预期的实施和实际结果之
间有着巨大的差异。

表 3.3　《梅根法》——法律应该如何起作用与实际如何起作用
（改编自 Pawson，2006）

法律应该如何起作用	法律实际如何起作用
注册：从监狱释放后，所有的性犯罪者都应在数据库中注册	罪犯登记处的记录良莠不齐，执法人员很难更新注册信息（特别是罪犯的地址，这是社区及时通报的重要信息），识别高风险的惯犯很难做好
通知：当罪犯搬到一个社区，执法人员应告知居民在他们的社区中有被释放的罪犯	社区通知方法差距很大（不同的媒体，有些方法积极，有些方法被动）；在给弱势群体提供足够的信息和被已释放罪犯进行骚扰的风险之间进行权衡
监控：社区成员应帮执法人员监察注册罪犯的可疑行为	执法人员花费了大量的时间精力来监察被释放的罪犯；罪犯骚扰经常发生，尽管对其严重程度的估计各不相同
罪犯合规性：社区监督应使潜在的惯犯"羞耻"，减少他们再犯的可能性	罪犯的合规注册远非完美，公共监管可能会妨碍治疗罪犯，羞耻对于惯犯的作用仍是未知数

　　当能够解决问题的干预研究几乎完全匮乏的时候，碎片证据
法也可以应用其中。举个例子，一个政策研究人员指出，当前消
费者信息隐私保护的模式没有起作用而且需要被替换（Culnan，
2011）。然而，不幸的是，结论本身并不能给政策制定者提供如何
去做的正面的指导。在这种情况下，政策制定者去看看安全法例，
就会发现安全法例提供了可运用在信息隐私保护的范例。这一案例
中，干预理论是一个问责制和治理的六步骤模式：（1）写一篇关
于该公司将如何保护消费者隐私的正式政策；（2）确保政策的执
行监督；（3）制定风险评估和风险缓解的持续进程；（4）开展正

规教育和引导建立意识；（5）执行政策；（6）确保透明度和补救措施。需要注意的是，干预理论可以同时应用于提出新政策建议和评价干预措施实施后的效果。

当你使用碎片证据来合成和研究问题相关的证据时，必须要注意两点。

第一，如果你采用观察性研究（比如个案研究）来作为你证据的一部分，要注意结果的测量是定性而非定量，也没有可以比较结果的对照组（未干预的一组）。因此，你要用自己的方法对结果的一致性或矛盾性进行进一步研究，使用一项研究的结果来帮助你理解另一项研究。另一方面，你要知道观察性研究通常比实验和定量研究更有价值，因为它能提供有关事态和实施细节的更多信息。

第二，当你合成碎片化的证据时，你找的那些研究的质量并不统一，即便它们采用了相同的研究方法。举个例子，一些个案研究：（1）可能由独立研究者发表在高质量的同行评议的学术期刊上；（2）提供大量的关于概念是如何操作化和数据是如何收集分析的细节；（3）具体描述了干预如何设计、实施及其产生的结果。其他的研究虽然也提供了一些有用的信息，但（1）可能是由设计和实施的人写的，因此，在报告结果中或许会有偏差；（2）可能是在文章不会受到仔细批评和被要求改进的杂志上发表；（3）可能只是很粗略地提供重要细节。其实完全没理由在你的合成研究中排除低质量的研究，特别是如果不能从其他来源获取信息，但你不能对从低质量研究中得出高质量结论抱有太大的希望。

如果你的合成研究不得不将低质量证据看得很重要，那你的底线应当是很谨慎地决定它的重要程度。如果你的政策建议要花费数以亿计的美元，还要冒很大的风险，你就不能依赖于轻描淡写的介绍XYZ组织如何做相似的事情取得成功的单篇文章。这一原则意味着，当你总结像表3.2模板这类的研究时，你应该按照证据是否可能应用在其他场合的标准来评估每个研究的质量（高、中、低）。

除了评估每条证据的质量，你还应该尝试评估从所有证据中得出的结论的有力程度。回到前面提到的标准，你对从所有证据中得出结论的把握性不仅取决于证据的平均质量，还取决于其数量和一致性。如果你有大量中等质量的证据指向了同一个方向，那相比你只有一个高质量的研究，或者你有六个高质量研究，其中三个显示出干预具有良好的结果，两个没有变化和一个显示不良结果，你可能会对前者更有信心。明确地知道自己对这些证据去支撑政策建议有多大的信心，是一个不错的主意。表 3.4 表明你可以使用其中的一条标准去进行判断。

表 3.4　关于政策问题证据力度的评估标准

证据的有力程度	标　准
高	许多中、高质量的研究在有关政策问题或解决方面一致，显示相同的结论
中	大量的证据表明一个特定的结论，但是证据是稀疏的、中低质量的，或包含显著不一致的东西（例如一些研究在普遍共识上有强烈的矛盾）
低	很少有相关研究，证据质量很差，或者结论高度不一致

合成阶段可交付结果

合成现有证据阶段包含以下成果：你从证据主体中获得的文档（交付成果 3.1），以及是需要在特定方面获得新证据（在第 4 章讨论），还是直接进行政策建议设计（在第 5 章讨论）的决定（交付成果 3.2）。

交付成果 3.1：文档合成

正如我们在第 2 章中解释的，我们不是仅仅对文档本身感兴趣。但是，由于以下几个原因，你应该花时间来记录研究合成的过程和成果。

第一，实际上你不想忘记它们，你做了大量工作才到达这一步，而且很容易忘记重要的细节。如果之后出现问题，你不会想要重做一遍来回答那些问题。不要只是把你读过的文章放入电脑，应当花点时间把所有信息合成到一个文档中，以便之后可以查询。

第二，当你试图说服他人接受你提出的政策措施既是可行的又是值得做的，你的证据合成会非常重要。你要确保能够指向干预已经成功尝试的地方。当有人对你建议的政策改变的成本、收益和风险高度关注的时候，你可以展示你是如何认真梳理证据的，并且十分看重细节的价值。

第三，假设你设计了一个政策措施，然后发现经济或行政方面发生了剧变，或者政策制定者有另一个燃眉之急。那么可能现在不是你想要政策改变的好时机，但政策改变的时机还会再次到来。届时更新你的证据合成会比从头开始明显更加容易。

最后，假设你实现了你的政策措施，并且它也是成功的，其他人会来找你了解你做了什么，你为什么这样做，以及你这样做是否有效果。你合成的证据是你可以提供的，并且能够对他们的政策研究过程有所帮助的重要东西。

交付成果 3.2：决定是否需要额外的证据

合成现有证据阶段的另一个产出成果是，决定你对问题是否已经了解得足够充分从而能够提出你的政策建议（在第 5 章中会讨论）。做到这一步时，就该去询问有关政策问题中各种干预行为有效性的循证知识，和实施这些干预行为所涉及的问题之间的差距了。

想想你对政策问题中证据主体的把握。如果你对你的知识没有信心，那么你有三个基本选择。第一，不管怎样，你可以继续前进。我们不建议这样，但如果风险很低且干预可逆，那么你可以继续前进。第二，放弃你的计划。第三，你可以进行（或者委托别人进行）

有目标的原始研究计划，以回答一个或多个具体问题来填补你知识上的重要空白。第三种选择就是第 4 章要讨论的问题。

你不需要，而且也不用试着去单独做这个决定。这是一个跟你的团队交流的好机会。你可以描述你系统评价现有证据的过程，以及你从中学到了什么。问问他人的意见，然后和他们一起决定是应该进行政策建议，还是要做更多的研究。

结论

合成现有证据阶段可能十分耗时且具有挑战性，但是它对整个政策研究计划的成功至关重要。它会帮助你设计一个成功的政策改变，而且帮助你说服他人——你建议的这个政策改变不仅有效，而且也值得一做。

练 习

1. 寻找与你政策兴趣相关的系统评价的来源。（可参见表 3.1 中的一些来源，并链接到更多的来源。）找一个你感兴趣的系统评价。这个评价是如何进行的？最后得出了怎样的结论？你对这个结论有多大的把握？

2. 这个系统评价是最新的吗？寻找一个包括最新原始研究的系统评价。从系统评价的视角来评估这一新研究。它是包含在里面还是被排除在外？如果包含了，新的研究发现与系统评价的结论是否一致？

3. 挑选一个与你政策兴趣相关的智库所做的研究报告。（这份报告应提供一些干预的相关利弊的证据）在研究中有什么潜在的偏见来源？研究进行过程中遵守了哪些程序？是不是这些程序都能产生高质量的证据？阅读报告，并寻找在报告中政治偏见的证据。（提示：该报告是否同时公平地考虑了干预行为的利与弊两方面？）你有多看重报告中的结论？

4.为在智库报告中检验过的某个干预行为（或干预行为之一，如果干预行为不止一个的话）建立一个政策解决改变轮。

思考笔记

第 4 章

获取新证据

概要

　　如果系统评价（在第 3 章中所讨论的）并不能提供任何有关你所面临问题及其有效解决方案的答案，本章将介绍如何获取新的证据来寻求解决之道。在"获取新证据"阶段，你需要制订一个计划来收集和分析数据，以此来填补你目前信息中的缺失部分。无论是否亲自收集数据，你都要管理数据收集的过程。你通过提出一个比在"启动阶段"更具体、更有目标性的研究问题来开始这个过程。当你定义好问题中的关键概念后，你面临一个非常重要的选择：你想用什么类型的数据来回答这个问题？尽管很多政策研究者都认为运用二手资料是不错的做法，比如使用美国人口普查数据（U.S. Census Bureau data）。但本章的目标是鼓励你去收集一手数据（或者找一位合作者来替你完成）。原因在于，一手数据能够增强你的政策建议的信心。高质量的、新的一手数据有几种不同的获取方式，比如面对面的访谈、个案研究及现场实验等。

此外，我们也要讨论新证据收集中的伦理道德问题。图 4.1 给出了"获取新证据"阶段包含的五种活动以及由此得到的两类可交付成果。

由于整本书都在介绍这些方法，所以我们在这里只给你一个简单的概要。表 4.1 列出了我们觉得对这些主题有用的部分书单。我们鼓励你在政策研究的过程中创建自己的参考书单。

按照惯例，我们会在这一章的开头解释相关指标，方便你追踪自己在本阶段进行到了哪一步。

表 4.1 "政策研究设计"精选书单

· *Survey Research Design*: E. R. Babbie, Wadsworth, 1990
· *The International Handbook of Social Impact Assessment: Conceptual and Methodological Advances*: H. Becker & F. Vanclay, Edward Elgar, 2006
· *Learning More From Social Experiments: Evolving Analytic Approaches*: H. S. Bloom, Russell Ssge Foundation, 2005
· *Applied Cost-Benefit Analysis*: R. J. Brent, Edward Elgar, 2008
· *Statistics in the Social Sciences: Current Methodological Development*: S. Kolenikov, D. Steinley, & L. A. Thombs, Wiley, 2010
· *Analyzing Policy: Choices, Conflicts and Practices*: M. C. Munger, W. W. Norton, 2000
· *Qualitative Research in Business and Management* (2nd edition), M. Myers, Sage, 2013
· *Experimental and Quasi-Experimental Design*: W. R. Shadish, T. D. Cook, & D. T. Campbell, Wadsworth, 2002
· *Secondary Data Analysis*: T. P. Vartanian, Oxford University Press, 2010
· *Statistical Analysis of Cost-Effectiveness Data*: A. R. Willan & A. H. Briggs, Wiley, 2006
· *Case Study Research: Theory, Methods, Practice*: A. G. Woodside, Emerald Group, 2010
· *Case Study Research: Design and Methods*: R. K. Yin, Sage, 2008

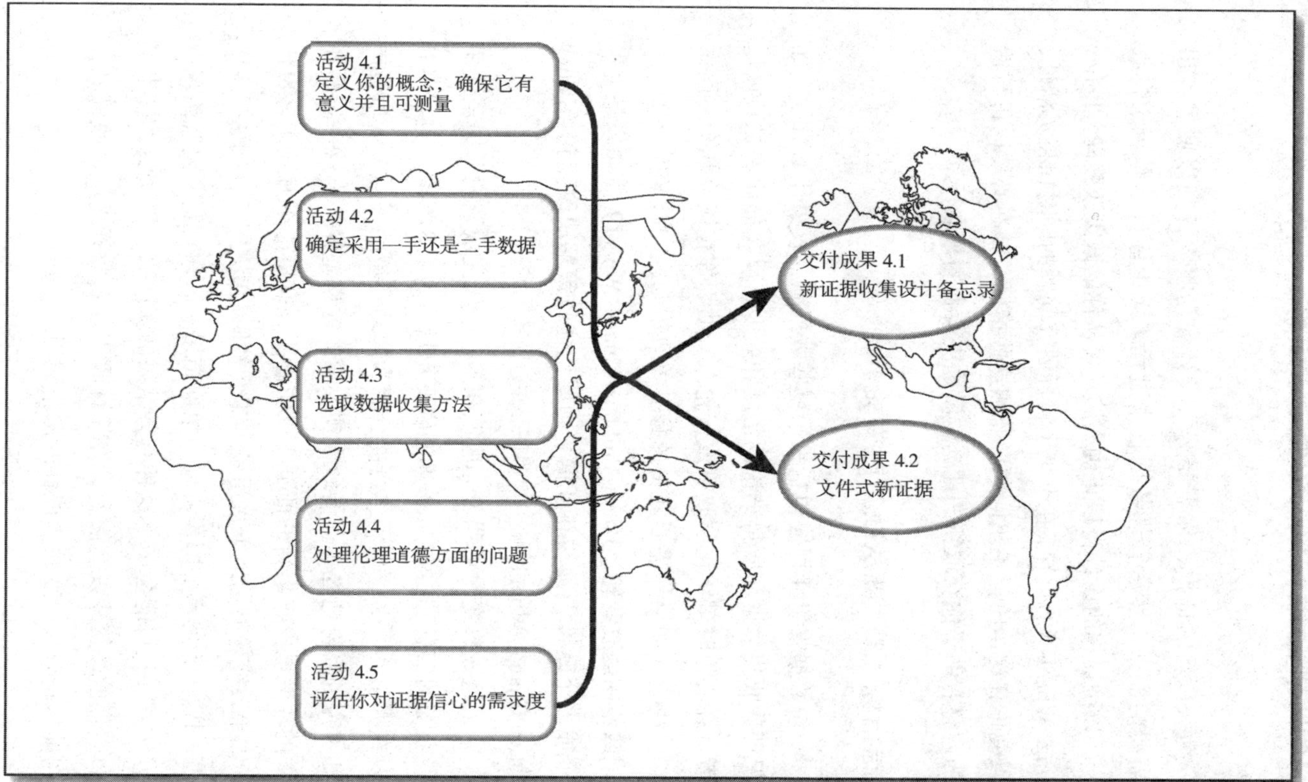

图 4.1 获取新证据阶段航海图

活动 4.1
定义你的概念，确保它有意义并且可测量

活动 4.2
确定采用一手还是二手数据

活动 4.3
选取数据收集方法

活动 4.4
处理伦理道德方面的问题

活动 4.5
评估你对证据信心的需求度

交付成果 4.1
新证据收集设计备忘录

交付成果 4.2
文件式新证据

"获取新证据"阶段的追踪指标

为获取新的证据，你需要努力设计数据收集计划以便生产出你需要的证据，然后管理数据收集过程（无论你自己是否亲自收集），以确保你的设计得以正确实施。遵从你的**政策改变轮**（Policy Change Wheels）的指导，在聚焦于目标研究问题的同时保持灵活性，可以使你在这个阶段不出问题。监测这些指标，并在必要时进行适当的调整有助于你获取新的证据，激励决策者们采取行动。

追踪指标 4.1： 遵从政策改变轮

一份数据收集计划应包括采用哪些数据源，收集什么数据，如何保证你收集数据和所得结论的信度和效度，以及如何保护数据提供者。在心里时刻牢记"政策改变轮"有助于你在以上几个方面做出正确决定。如果你需要获得的是有关政策问题的新证据，那么请谨记**政策问题改变轮**（Policy Problem Change Wheel）。如果是关于一个或多个政策干预的新证据，则要记住**政策解决改变轮**（Policy Solution Change Wheel）。

牢记这些改变轮意味着你应该在第一阶段完成"轮"时就使用已经获知的信息。比如，如果你的改变轮指示出了 STORM 情境（"谁以及在哪里？"），提示你可能会因为地理环境的不同（城市贫民窟和贫穷的乡村地区）而导致干预政策的效果差异，你就一定要在相关的环境里去收集新的证据（以明确干预政策能否有效）。再比如，如果改变轮显示地下水污染可能会是你希望的干预政策的"Why not"问题（为何不？即不想要的负面结果），你肯定需要跳出现有的方法去寻找可能会产生这种有害结果的新证据，以避免你提出了不负责任的政策建议。因此，在设计收集计划和管理证据收集时，尽可能地把政策改变轮当成你的御用顾问。

追踪指标 4.2： 灵活聚焦于目标问题

社会充满着改变。它发生在生活中，也发生在政策研究中。在众多变化中，那些能够影响你开展新证据收集工作，以及影响你如何解释它结果的改变，总是来自政策决策者的改变、技术变革中的新突破、新出现的社会动力（新冲突或战争）、立法的改变、经济状况的改变，等等。

面临这些变化时，政策研究需要具有比典型学术研究更好的调适性。比如，逐渐恶化的经济可能意味着你再也无法依赖某个重要利益相关者的财力支持了。这意味着你需要修改你的研究计划。或者，一个新当选的政策决策者可能有不同于他前任的兴趣关注点，你就需要弄清楚当前决策者的决策需求。但是，无论怎么做，你一定不要忘了关注自己的研究旨趣。一遍一遍地回到自己的研究问题可以避免你在调整研究计划时迷失方向。请记住，你的顾问能帮助你在条件变化的情况下进行必要的调整，同时又不偏离最初的研究方向。

获取新证据阶段的几项活动

图书馆里有很多关于如何设计充满活力的研究设计的书籍。在这一章，我们重点介绍政策研究设计中独有的相关活动。在"获取新证据"阶段，有五件需要做的事情，它们是：

活动 4.1：定义你的概念，确保它有意义并且可测量
活动 4.2：确定采用一手还是二手数据
活动 4.3：选取数据收集方法
活动 4.4：处理伦理道德方面的问题
活动 4.5：评估你对证据信心的需求度

活动 4.1：定义你的概念，确保它有意义并且可测量

在合成现有证据的最后阶段，你可能会发现你遗漏了有关政策问题的重要证据，比如它发生的频率，受害群体承受了哪些后果，或者"它是如何发生的"。或者，你可能会发现你缺少了关于这个问题的解决方案的重要证据，比如某个特殊的干预措施是否会产生负面效果或有什么额外的措施必须在你的干预工作里实施。无论哪种情况，你都需要有一个目标性研究问题来引导你的证据收集工作。这时你需要退后一步，仔细斟酌目标性问题中的每个动词和名词。

诸如**贫穷、犯罪、健康、改进、解决、治愈**等词语有各种不同的意思。如果你用这些词语去表达一件事情，而不同的人有其他不同的解读，那么你政策研究的职业生涯恐怕会出现非常严重的问题。研究助理收集的数据可能不是你需要的；政策制定者会误解你的政策建议；你与那些重要的利益相关者们可能抱着不同的目标在交谈。设想一项政策准备给癌症研究提供更多的资金支持，并假设此政策目标是为了找到一种关于治疗（cure）的方法。但是，"治疗"是指癌症的症状"缓解"（remission），还是指在一开始就防止癌症发生？抑或是指对于癌症患者在术后有更好的生活质量？因此，为了使你的数据收集工作有个好的开始并保持住不错的态势，你首先要回答好这样一个问题：你的核心概念指的是什么？

在你的目标性问题中，把你的关键概念解释得越清楚，就越能避免对它的误读。比如说，你的政策研究问题包括了"学校表现"（school performance）。假如你没有很好地解释这个术语，其他人可能会以为你在说这个社区的识字率、辍学率，或者教师资质，但实际上你只是想考察这个地区每年标准化考试的分数。因此，若你把学生每年标准化考试的分数定义为"学校表现"，则你要依照学生每年标准化考试的分数来组织自己的目标性问题的文字表达，这样可以避免不必要的误解。不过，假如你想把"学校表现"定义得

更广泛，不仅仅是指学生年度标准化考试的分数，那么你需要明白无误地说清楚你如何把各种维度（分数＋识字率＋辍学率）合成为对学校表现的考核指标。缺乏这项细致的工作将会给所有人带来困扰，甚至降低你作为政策研究者的可信度。

追求具体和明确并非过度简单化。衡量一个类似"学校表现"的复杂概念往往需要将多种指标通过一个公式整合后才能实现。请核查你研究领域内的现有文献，并向你的顾问咨询如何测量重要的概念。

关键概念的操作化

精确定义概念以及选择相关测量方法的过程被称为概念的操作化。例如，对于政策研究问题"电子病历（electronic medical records）是否减少私人医生的医疗费用，且不影响医疗质量"有四个概念需要操作化：电子病历、私人医生、医疗费用和医疗质量。你可把"电子病历"定义成，为满足美国医改法案实施准则而购买并开发的一种软件。那么，你可能会衡量医生在整个诊治过程中使用这种软件所耗时间的百分比。其他概念的操作化亦如是。

政策研究的概念化过程可以说是困难重重。一个政策概念可能受制于你的研究时间而根本不能直接测量。比如，"标准测试成绩"的提高是需要很多年才能实现的。如果你只有几个月的时间去显示干预政策对学校成绩是有效果的，你就需其他测量方法去可靠地验证短时间内的提升是否真的发生了。

政策概念不容易操作化的原因在于它们不能被直接观察到。比如，种族宽容度表现于民众的言论和行为。如果你直接询问种族宽容度，民众可能不会告诉你他们的真实想法。有政治敏锐性的政策概念通常难以操作。在独裁统治的地区，人们可能不想承认自己被压迫，只是因为害怕遭到报复。在一些情况下，不同的利益相关者可能喜欢不同的测量方法。例如，关于"老人贫困"概念的测量，美国政府是指老人实际获得的收入，而有些评估组织的测量则要加上政府福利，还有些组织还会加上身体、心理健康的测量。

运用多个指标

使用多个指标是减少政策概念操作化困难的一种方法。例如，如果你感兴趣的是干预措施如何提高精神卫生中心的效率，一个单一的测量不可能捕捉到卫生中心有效性的多个方面。因此，你可能会选用一套度量指标来测量中心的效率，这包括：病人的心理健康状况的改善、患者满意度、员工士气、社区对中心的支持、与当地合作伙伴的关系、提供的就业服务，以及提供服务的成本效益，等等。而且不同利益相关者可能喜欢不同的指标，使用**一套**指标可以满足大多数利益相关者的需求。如果合并这些多重指标成为一个指标，一定要解释你究竟是如何得到最终衡量指标的（例如，你有没有给一些指标更多的权重？是相加还是相乘？）

使用多个指标的一个优点是它能彰示一个政策干预为什么起作用，或者不起作用。请记住干预理论的"怎样起作用"。例如，"不要输在起跑线上"的干预可以通过不同的机制起作用，如通过影响孩子的身体健康或自信，通过孩子从家长那里接受的支持力度。知道干预在一个环境中"怎样起作用"是确保它在不同环境中起作用的关键。怎样知道"怎样起作用"呢？多个指标的测量就是有效的一种办法。在精神卫生保健中心的例子中，干预可能会提高病人的治疗满意度，但不缩短治疗的时间或降低护理费用。这样的资讯才能向政策制定者提供宝贵的指导。使用多个指标测量还有一个重要优点，就是可以监测干预可能的负面影响。通过干预，即使有些指标得到改善，其他指标可能实际上变得更糟。而当多个指标都指向改善方向时，才可以增加你对干预确实有效的信心。

使用代理和无干涉的测量

当进行政策概念操作化时，你会发现采用代理测量和无干涉的测量办法是非常有益的。代理测量是一种近似的、间接的概念评估。当你的概念不能直接测量时特别需要代理测量。例如，一个社区的种族宽容度是不可直接测量的。它的代理测量指标包括少数族裔的失业率、随机抽样市民的调查报告中的种族态度、基于仇恨的犯罪统计、学校经费的分配和社区各个零售商店的位置，等等。这些指标每一个都不是一个社会的种族宽容度的充分的测量，但合在一起，它们至少勾勒出少数族裔过着一种什么样的生活。

无干涉的测量允许你在没有利益相关者直接参与的情况下对某个概念进行评估。开展病人或员工的满意度调查是非常突兀的，并可能影响调查结果。（被访人也许会想，"你问我一定是足够在乎我，所以我想我很满意。""我不想说什么会伤害感情的话或惹上麻烦。"）而无干涉的测量则不要求被调查者做任何与平时不一样的事情。看病的成本数据（这个成本常常被收集和报告以用于保险公司的支付）就是一个测量医院有效性的无干涉的测量指标的例子。而从警方获取的基于仇恨的犯罪报告也是社区种族宽容度的一个无干涉测量指标的例子。

无干涉的测量和有干涉的测量通常合在一起使用，以便充分测量政策概念。这两种类型的指标相互补充。有干涉的测量有着较好的集中度，无干涉的测量则不会改变人们的日常行为。合二为一，则可以增加研究的信心。表 4.2 总结了我们关于概念操作化的建议。

表 4.2　概念操作化的建议

- 精确定义政策研究问题中每一个关键概念
- 在测量概念时避免偏差
- 包括重要概念的多个指标
- 要包含可能的负面影响的指标
- 当概念不能直接测量时使用代理变量
- 当测量可能会影响行为时，使用无干涉的测量

活动 4.2：确定采用一手还是二手数据

在政策概念操作化后，你就该准备下一个重要的设计决定：是

收集并分析现有数据源（二手数据采集），还是收集并分析新证据（一手数据收集）？

许多政策研究人员从不考虑新的数据收集。对于一些政策领域，众多知名的数据资源已经存在，进行数据挖掘用于解答政策问题是一个大家都认可的传统。然而，我们相信，对于政策研究，原始数据收集有许多优点。我们希望你去尝试它。在本节中，我们从二手数据收集开始，因为这是比较为人熟知的政策研究方法。然而我们如果进行有针对性的研究则需要收集新证据，利用一手数据的优势，并回答一些对一手数据收集的诘难。

二手数据采集

对于许多政策研究的问题，可以通过分析现有的数据档案库来获得新的证据。数据档案是针对特定主题的事实和信息的集合。例如，美国人口普查局提供自 1902 年至今的美国人口数据。这些数据包括：不同地区的出生率和死亡率，不同州、地区的人口密度，不同地区、州、县的种族和性别分布、预期寿命、婴儿死亡率和净迁移率。

档案数据对于某些针对性的研究问题是有用的。例如它可以回答死刑是否能阻止犯罪。你可以比较在实行死刑的州与取缔死刑的州之间犯罪统计的差别。每一年的"统计摘要—执法"（美国人口普查局档案的一部分）提供犯罪统计数据。而要了解哪些州有死刑，哪些没有，你可以去网站 www.deathpenaltyinfo.org 查找，或者去看联合国人权事务委员会的决议。然后，你可以执行一个相对简单的跨州的犯罪数据的差异分析，从而形成政策建议。

表 4.3 列出可供研究的其他档案数据。其中一个是"地理空间数据"的数据库，也称为地理信息系统（GIS）。GIS 数据对政策研究越来越有用。GIS 数据以特定兴趣点在世界地图上的坐标分布图的形式呈现。如果你对某些点感兴趣，你可以把这些点的形状文件重叠在一起，从而发现是否存在跨区域的规律。

表 4.3 策略研究的数据库例子

主 题	网 站	简 介
CIA 世界概况	www.cia.gov/library/ publications/the-world-factbook/	每个国家各个方面的数据，包括地理状况、识字率、每年国内生产总值，以及出生率和死亡率
世界银行数据	http://data.worldbank.org/	提供有关主题，如援助有效性、社会发展、劳动和社会保护的最新数据
盖洛普	www.gallup.com/	政治生活不同方面的调查，如就业、总统支持率、军事问题等
宗教数据档案协会	www.thearda.com/ Archive/browse.asp	提供了关于美国国内、国际基于宗教信仰的人口分布数据
美国国务院	www.state.gov/	美国国家层面的统计数据，内容包括人口贩卖、军火贸易和以往在这些问题上所采取的行动的细节
美国劳动统计局	www.bls.gov/	美国国内和国际就业与生产力数据
美国商务部	www.commerce.gov/ news/fact-sheets	经济活动方方面面的统计数字，如添加剂的制造、数字素养、出口
美国国民选举研究	www.electionstudies.org/	自 1948 年以来，大多数选举年的基于访谈的调查数据
综合社会调查	www.norc.org/gss+ website/	包含自 1972 年以来对人口、行为和态度问题的回答的标准分，其中有一些特别的主题
政治、社会研究资料档案校际联盟	www.icpsr.umich.edu	提供从调查、普查和行政记录中获取的原始数据，最初由以下数据库组成：保健和医疗档案，国家档案馆关于老龄化的计算机数据，国家刑事司法数据档案馆，物质滥用和心理健康数据档案，幼儿及早期教育研究联接库
美国地理空间数据	geo.data.gov	提供基于网页访问的地图、政府数据和地理空间服务，拥有来自全美各地 172 家联邦政府机构的超过 40 万个数据集（主要是地理空间）

举个例子，复活节岛管理委员会想在鼓励旅游业发展的同时又最大化地保护岛上的许多重要的考古文物。那么，把岛的地形特征、每个文物的地理位置坐标，以及规划的旅游配套设施（如宾馆、下水道）的地点进行叠加和比较，委员会发现文物密度最大的小山谷与规划中的下水道重合度较高。因此，委员会通过了一项新政策，要求开发商在规划时必须使用 GIS 叠加功能。该政策挽救了无数的文物。

二手数据源在进行某些政策分析诸如干预措施的成本效益分析时特别受欢迎。我们在下面有更详细的方法介绍。当可获得的二手档案数据与要进行的政策研究中的操作化概念非常匹配时，二手数据分析是适当和有效的。例如，斯坦福大学一个生物医学信息学研究生重新分析了美国食品和药物管理局的档案资料，发现一些广泛用于治疗高胆固醇和抑郁症的处方药物对健康有不利的影响（McBride，2011）。

同时，你必须认识到，存档的数据是由与你研究目的不同的人收集和汇总的。其中的测量可能与你研究的概念定义不相符。而且，随着时间的推移，测量方法的变化对档案使用者往往产生难以评估的影响。该数据可能太旧，从而不适于概推到未来。因此，我们建议不要过度依赖二手资料来源，并鼓励你在条件允许的情况下进行一手数据的收集。接下来，我们讨论一手数据的主要优势，同时回应一手数据收集耗时、耗费金钱这样的反对意见。

一手数据收集

考虑一下这样的情形，二手数据源提供的数据可能不匹配你所要进行的特定的研究问题。比如，你关注是否应该继续推荐已经使用了数年的一套农业实践方法。从二手数据分析来看，使用这套做法比使用其他做法在过去 10 年中带来了更高的作物产量。你有理由推测那些作物产量将在未来保持高位吗？或许不会，如果你考虑到气候和消费者需求可能的变化。假设你认为一个许多人欠税的国家，比按时纳税比例更高的国家更容易受到经济波动的影响，你如何从现有的数据档案中（关于缴纳税款的数据）来估算未曾支付的税款？如何排除那些不缴税也不欠税的人群？又如何找出税费扣除行为中哪些合法、哪些不合法？

我们想说的一点是，虽然二手数据的收集和分析可能是政策问题研究最典型的做法，但它并不总是最好的方法。一手数据收集可以针对特定的未知情况进行调整，并且在主要的概念测量中需要的妥协更少。

和一手数据相比，二手数据分析通常被认为更便宜、更快。但它不再总是如此了。数据可以通过因特网收集。现在有便宜的网络外包选择来帮助数据收集和分析，比如 Mechanical Turk（来自亚马逊公司）。即使二手数据分析确实更便宜、更快，你也需要权衡研究成本小和速度快的副作用，不合适的数据测量会导致错误的结论。与其受二手数据的限制，使用创新的办法来进行一手新证据的收集通常会提供对所研究问题的更深刻的洞察。你也许可以重新构思你的目标研究问题，从而在政策制定上提供崭新视角。例如，原问题是"在这个国家有多少人欠税不缴税？"可以改成"在这个国家，最大的逃税机会在哪方面？"这样，你可能会发现，一手数据收集也可以既快速又便宜，并激发出新的好想法。

我们经常被问到如下问题："我如何才能获取新的主要证据？我只是一个（学生、公务员或孤立的工作人员，总之就是没钱没时间的人）。"不过，依我们的经验，新的开创性研究最大的障碍不是没有时间、经验或金钱，而是错误的思维定式。我们称利于收集新证据的一个思维定式是 LOFE 思维：**杠杆**（Leverage）、**乐观**（Optimism）、**专注**（Focus）和**热情**（Enthusiasm）。杠杆指的是利用别人的资源，不只是你自己的。我们经常能够说服一些机构设立实地试验帮助回答我们的政策研究问题，这是因为他们也想知道如何更有效地提供他们的服务。当你试图利用别人的资源但不成功时，不要轻易放弃，这就是乐观。有一次政策研究，我们为了得到

15个愿意参加调查的公司，不得不问了100多家企业。专注是指一步一个脚印，着眼现阶段的事情。比如，当前这个阶段就只需要设计出一个有意义的和可管理的搜索新证据的方案。不要在获取新证据阶段思虑"合成现有证据阶段"做得好不好，也不要担心"设计政策建议阶段"该怎么做。热情意味着你传达给别人的能量。若我们在数据采集时热情洋溢，就经常会发现更多人自愿加入我们的行列。我们鼓励你在做原创性政策研究时采用LOFE态度。

活动 4.3：选取数据收集方法

获取新的证据有许多方法可用。在这里，我们介绍5种特别适合政策研究的方法：（1）成本效益评估，以及由其衍生的成本效益和社会影响评估；（2）实地试验；（3）访谈；（4）调查；（5）个案研究。对于每一种方法，我们提供一个使用这种方法的研究例子。

成本效益评估，成本效果和社会影响评估

成本效益分析是一组方法，研究人员用来比较不同政策选项的成本和效益，这里面包括什么都不做的选项。例如，成本效益分析可用于对私人医疗保险实施税收激励的政策。这就需要比较不同层次的保险、不同力度的激励下的成本效益。最简单的方式是成本和效益都用金钱来衡量。这样的好处是成本效益可以直接相比，结果一目了然。

联邦高速公路管理局（FHWA）分属美国交通部。它使用的成本效益分析中，要分析运营成本、安全成本和时间成本。安全成本和时间成本都被转化为货币价值。这样它就可以比较不同的运输网络（FHWA，2011）。同样，大坝建设和维护的成本可以用金钱来计算，效益方面的水力发电和农业灌溉效益也可以用金钱计算价值。当决定几种水利项目时，政府机构就可以根据效益—成本比率进行排名，从而选择效益最好的那个。

政策研究的成本效益分析方法的主要缺点是，某些项目的货币

价值很难计算。比如成本方面：死亡、痛苦和社会动荡。效益方面：
减少虐待儿童、公平住房，以及更好的学校。纯成本效益分析似乎
最适合用于基础设施项目。这些项目有相对不那么严重的负面影响
（例如，溃坝、污染地下水、出生缺陷）。除了某些成本和收益难以
货币化之外，成本效益分析方法的缺陷还有没考虑成本和收益在不同
利益相关群体之间的分配（Munger，2000）。即使一个水坝的效益超
过了它的成本，如果所有的好处都归富裕的农业公司，而项目的全部
成本则归于那些被迫从自己的土地迁出的穷人，这又有何意义？究竟
是谁补偿他们？这些货币补偿能真正弥补他们的损失吗？

　　为解决上述局限，成本效益分析方法也做了改进。一个改进是
成本效果分析。成本效果分析中，效益不再表示成货币形式，而是
明确表现为某些结果，成本仍量化成货币。例如在酗酒治疗的成本
效果分析中，有效性就是不再酗酒，政策研究只需要比较不同方案
所需的费用，选择费用最少的那个方案。

　　杜耶（Dwyer，2006）用二手数据分析了在澳大利亚立法全面
提高水价的政策。

表 4.4　成本效果分析实例（改编自 Dwyer，2006）

成本（目前形势下）	效益（采取干预措施）
•水价普涨对居民不公平 •复杂的法规，设立城市用水上限带来居民的不便（如对自动喷水灭火系统的时间限制） •环境恶化 •大坝修建停工切断了某些人的就业机会	•更公平的水价，基于实际用水量，而不是地区缺水度进行分配 •因地制宜的政策，而不是整个国家一刀切 •对水的"稀缺性"更好的响应 •土地价值增加 •如果不停止大坝建设，则就业略有增加

　　这个政策的目的是给市区供给更多的水。该政策的成本是：对
环境的负面影响，由于环境退化而带来的土地价值下降，水的价格
并未反映真实的机会成本。表 4.4 汇总了这些成本效益，得出结论：

改变现有政策会对大多数利益相关者产生显著的好处。

成本效益分析方法的另一种改进是对社会影响进行评估。成本效果分析和其他成本分析一样，都太容易强调经济成本和效益，而忽视了其他方面的 STORM 情境。政策研究人员利用社会影响评估方法，评估除经济效益之外的对人、对社会关系、对不同组织的影响。例如，当评估新公路提案时，应当评估公路的景观影响、它对居民的社会互动模式的影响，而不只是通勤时间。在波士顿，长达十年、花费数十亿美元的大开挖工程（Big Dig）就是为了设法扭转当初只考虑通勤的高架公路造成的城市景观方面的损害和对社区生活的不良影响。

成本效益分析、成本效果分析，以及社会影响分析共同组成了政策研究最常用的方法。但是这并不是全部。接下来会提到其他研究用到的其他方法，可能更好。此外，尽管这些方法常用二手数据，但也不是必然。如果这类方法适合你的问题，不要限制自己只在数据库中查找，可以联系社会服务机构直接询问他们的成本是否正在不断上升，也可以直接询问企业，了解他们因安装污染减排设备得到的实惠。

实地试验

在为政策问题收集数据时，一种十分有益的替代成本效益分析的方法是实地试验。在实地试验中，政策研究人员与利益相关者以伙伴方式合作，实施拟在现实生活中采用的政策干预。干预的结果需要记录、追踪一段时间。作为试点，实地试验为政策研究者提供了宝贵的数据，这样的数据是那些二手数据无法相比的。

和实验室中的实验一样，一些实地试验也会采用随机分配的办法把受试者分为"干预组"和"对照组"。该方法的优点是能增加信心，确定是"干预"而不是其他原因导致了所观察到的结果。不过，实地试验与典型的、受试者多为大学本科生的实验室实验还是有很大的不同。比如，如果你是卢伽雷氏症的患者（Lou Gehrig's disease），估计你不想参加临床试验，因为试验可能安排你到安慰剂组，你肯定想进入"干预组"，从而接受到有前途的、新的治疗。另外，在某些情况下，试图随机分配不同的人进行试验性治疗可能违反科研伦理。

毫不奇怪，大多数实地试验并没有采用随机分配组和对照组，基于此，这种实地试验通常被称为准实验（Shadish, Cook, & Campbell, 2002）。由于缺少实验控制，这些方法会让科学家们产生关于干预有效性的疑问。但是，对于政策研究者而言，这不是疑问。因为他们乃是信息制造者，而这些信息能说服参与者和许多其他利益相关者。

来考虑两个教育干预的例子。如果学生自行选择他们想去的教室（非随机分配），并且发现他们的测试成绩提高了，研究人员可能会怀疑是自我选择和安慰剂效应（"信则灵"，相信"治疗"会导致改善，结果就真的诱导人们改善了）。但是，当不可能对实验完全控制时，政策研究者所能做的只有尽力匹配。比如，使接受干预的教室与对照组教室在学生的年龄、性别、平均智力和逃学率等方面保持相当，然后观察会发生什么。如果采取足够的措施来匹配和比较实验和非实验条件下的结果，你可能会产生新的且具备说服力的证据来说明你的问题。

本书作者安曾针对美国军队出现的擅自缺席（即新兵早上点名没露面）问题进行过随机实地试验。军队发现惩罚新兵并不能降低缺勤，但擅自缺席是一个很大的军纪问题（想象一下，一个运兵船准备出发，但人数还不齐）。通过与一些指挥官和新兵访谈，再加上广泛的问卷调查，结果表明多数新兵擅自缺席是由家庭紧急情况（孩子生病、家长会）所造成的，而不是新兵"未离开但不露面"（absent without leave）。"未离开但不露面"通常被理解为一名士兵有叛逃行为，这种情况在战时可被判处死刑。

经过多次讨论后，军方领导人同意尝试实地试验。试验的"干预"放在指挥官身上，来观察干预是否改变新兵的擅自缺席行为。指挥官被培训，他们要做两件事：第一，告诉新兵在不得不缺席的情况下，立即和指挥官沟通，并提供联系信息（例如手机号码），一旦有任务部署，新兵就可立即归队；第二，如果新兵擅自缺席过于频繁，鼓励指挥官提供咨询。

在实地试验中，有一半的指挥官接受了培训，采用新的方法（而不是惩罚）来处理擅自缺席情况。在 6 个月期间，研究者对各单位的擅自缺席情况进行追踪。而在这一时期结束后，新兵（新兵没有受到任何培训，培训的只是他们的指挥官）被要求汇报指挥官的行为变化情况。那些受到新的行为方式训练的指挥官所在单位的擅自缺席显著减少。新兵的答复也证实了在这些单位，指挥官行为的改变带来了新兵行为的改变。表 4.5 概括了这一实地试验。

表 4.5　美军擅自缺席的实地试验

"为什么？"（预期干预成果）和"谁以及在哪里？"（背景）	减少美国军事基地的新兵擅自缺席
"什么？"（干预性质）	在新兵擅自缺席的情况下，指挥官应遵循的规则
观察到的结果	采用干预的试点单位，和控制组相比，新兵擅自缺席现象减少

访谈

另一种收集原始数据的方法是访谈。访谈是一种通过直接询问而收集信息的策略，方式通常是面对面或通过电话。因为访谈是互动的，它让你当场理解、确认别人告诉你的信息。在许多情况下，政策研究人员还可以通过访谈达到其他目标。比如通过访谈与人建立关系，从而可以利用他们的资源和支持。

良好的访谈是一门艺术。访谈者有责任帮助受访者放松，使他们感到足够舒适，从而分享他们的知识和经验。访谈者需要调整所问的问题，以保证有效理解和回应受访者的回答。

访谈问题可以是封闭式的，也可以是开放式的。封闭式的问题是请求一个直截了当的回答，比如"是""所有的时间"或"10"。

封闭式问题的例子："你什么时候开始参与这个计划？""你的客户多长时间后向你报告'干预'出现了问题？"开放式问题没有标准答案，是些更广泛的会话，让受访者讨论一些情况，给出一些细节。例子："告诉我关于这个计划你的经验。""当你试图干预时，发生了什么事？"当你想增加对某些情况的了解，或者想发展你与受访者的关系时，问开放式的问题特别好。在一个典型的采访中，你会发现需要结合这两种类型的问题，采用开放式的问题鼓励受访者交谈，并探讨答案；采用封闭式问题来确认你感兴趣的具体细节。当然，当访谈只有几分钟时，问几个结构化的封闭式问题可能是最好的办法。

量身定制访谈问题访谈问题很重要。问题要符合受访者的知识结构。如果你有一个关于公司健康护理保险福利问题的长长的清单，你应该把问题划分成几部分，以适合不同类型的受访者。例如，人力资源管理专家最好回答保险覆盖的种类、提供该覆盖的原因，以及其成本；管理者最好回答对有潜能的新员工提供健康护理保险带来的好处；而员工最合适告诉你健康护理保险如何影响了他们对雇主的责任感和他们的工作满意度。

政策研究者需要努力评估访谈数据的可靠性。一个员工的经验不能代表别人，所以你需要一个策略来选择不同类型的员工进行交谈，并决定如何与员工交谈。同样，人力资源专家告诉你的有关该公司的医疗总费用可能并不准确。因此，准备一个用于收集备份文件的计划往往是一个好主意。

调查

调查也是通过直接向人们询问来收集信息。调查通常比访谈更正式和结构化。调查中的问题都是字斟句酌的、书面的和封闭式的。调查问卷通过邮件、电子邮件或网页发给受访者。受访者完成调查时，研究者可以不用在现场。

调查是非交互式的。如果受访者不明白某个调查问题，通常无法向研究者提问。同样，研究人员如果不明白受访者的回答，也不能问受访者他们的真正意思。因此，需要在调查前就付出大量努力，确保调查产生可靠和有效的信息。就如何设计有效的调查，大量的文献提供了丰富的建议，内容涵盖如何选择具有代表性的样本，如何措辞，如何避免反应偏差，在页面或屏幕的什么位置放置问题，如何吸引和留住受访者完成调查。你一定要借鉴这些好的建议！

调查的设计取决于你的问题。例如，关于在中非进行泵灌溉的政策研究问题，你的针对性问题可以是这样的："哪种水泵最适合在缺少维护、多沙条件下长时间使用？"为了回答这个问题，你的调查也许包括以下几种：对厂家进行调查，看看不同客户对不同类型水泵的反馈；对村民进行调查，看看使用不同类型水泵的经验；对其他地区在沙质土壤上工作的农民进行调查。你可以通过网上调查，向制造商询问封闭式问题；面对面向村民询问开放式问题；通过邮件的形式要求在其他地区的农民填写并返回调查问卷。文本框4.1显示了基于调查的政策研究的一个例子。

文本框4.1　　　　政策研究中的调查研究举例

迈克尔·克莱恩 (Michael Klein) 博士调查了英属哥伦比亚女性如何准备自己的分娩。被调查者1318人，不到30%的受访者参加了产前分娩课（Roan, 2011），其他人使用书籍或网络获取知识。但不幸的是，大多数没有上课的女性不能回答常见的硬膜外麻醉或剖宫产手术的一些基本问题，如它们的好处、缺点和安全性。

个案研究

个案研究是研究人员尝试通过深入了解一个人（或一个村庄、公司等）如何在这个人的正常环境下（一个家庭、一个医疗中心、一份工作等）开展活动的一种研究策略。个案研究的研究人员通常使用各种资料收集方法来进行研究，包括访谈、观察、无干涉测量和分析文档。对于回答有关人们如何做事情和他们为什么这样做等问题,个案研究方法特别好。当研究人员认为,STORM 情境(例如,沙质土壤、裁员威胁、城市暴力)都是非常重要的因素,但不知道它们究竟如何影响个体时,个案研究方法就值得使用。

与调查要求随机选择受访者不同,个案研究选择的个人都是经过精心挑选的,以便填补研究人员的知识空白。例如,这些人被选择的理由可能是,因为他们经过干预取得了特别好(或者特别坏)的结果,或因为他们已开发出一种创新的解决问题的办法,或者因为他们在实施干预时经历了重大的困难。做个案研究的研究人员仔细寻找有关 STORM 情境的丰富细节,寻找未曾预料到的因素、人或事件之间的关系,寻找对某个现象的更深入的了解。

例如,森林如何从毁灭性火灾中恢复,这个个案研究就会集中在调查灾后返回的昆虫、鸟类、兽类和植物之间的相互影响上。个案研究很难做得很好。有些政策研究人员开展了一些访谈,并称之为个案研究,这是不准确的。个案研究通常要使用各种数据来深入检查一个案例的多个方面。个案研究的研究人员往往有太多的数据,却难以提炼出数据模式。因为许多个案研究涉及很多人的多个时间段,要发现数据模式就特别困难。

文本框 4.2 给出了使用个案研究方法的政策研究的一个例子。

文本框 4.2　　政策研究中的个案研究举例

本个案研究考察了在纽约东哈勒姆地区的可卡因产业("El Barrio", Bourgois, 2002)。这项研究的焦点是一个叫"Ray"的毒贩和他的手下在称为"游戏室"的售货点与客户之间的互动。进行此项研究的人类学家利用他个人在 El Barrio 的生活经验,通过毒贩的"渺茫的希望和破碎的梦想"的故事,用不同来源的定量数据,描绘出该地区的贫困,以及人们如何艰难逃离的丰富画面。根据这一证据,研究人员做出了政策建议,其中包括通过可卡因销

> 售的合法化来破坏该地下产业的盈利能力，和积极创造内
> 城的就业机会。

使用哪种方法？

每种政策研究方法都有自己的长处和短处，它们适用于不同的特定研究目标。表 4.6 对此进行了总结。所以，政策研究者往往会使用多种方法来设计研究，发扬优点，克服缺点。例如，他们可能就一个地区卫生诊所的许多方面进行一次深入的个案研究，然后就几个重要问题在该地区的所有卫生诊所进行调查。总之，你的研究设计取决于你的针对性的研究问题，要依靠创造力来获得在你的资源范围内最好的新证据！

表 4.6　政策研究方法比较

	数据库	成本效益 / 社会影响评估	实地试验	访谈和调查	个案研究
优势	数据分析价格低廉且迅速，因为数据已经被别人整理好了	允许基于同样标准的方案相互比较	可以直接观察干预方案的实施结果；可以建立干预与结果之间的因果关系	能够发现问题并建立关系（访谈）；如果利用了互联网，可以得到花费相对便宜的一手数据（问卷调查）	观察的是在具体环境背景下的个体；深度理解；适用于获取干预的意外后果
劣势	变量测量不能准确匹配政策研究的概念	需要把成本和效益转换成可比较的单位（通常是金钱），这并不总是容易的或适当的	全部做实验对照（随机分配受试者）是几乎不可能的；要求利益相关者的广泛参与和努力	比二手数据昂贵且耗时（两者均是）；非结构化数据（访谈）	非结构化数据的收集和分析；容易偏离研究焦点
最适合	确定政策问题的影响范围和深度；提供数据进行成本效益评估	比较备选干预方案，这些方案风险相对较低，在利益相关方之间有相对公平的成本分配	不知道在什么情况下，某项特殊的干预措施才具有适用性和有效性	二手数据不能回答的研究问题和干预方案	探索环境对研究问题的影响；展示干预如何和为什么能够起作用

活动 4.4：处理伦理道德方面的问题

政策研究有一个伦理问题，即研究活动会对受试者造成意外伤害。一些美国政府机构发布了对于受试者的研究指南。这些准则包括参与人的参与选择权，并保证对所收集的信息保密。如果你受雇于大学，当你做政策研究时，你应该向你所在大学的机构审查委员会提交你的研究计划，以便于被监督。委员会由那些训练有素的教职员工组成，他们接受过如何对受试者进行保护的培训。

然而，政策研究者经常面临那些准则未明确提及的伦理困境（Nagel，1984）。这些困境包括如何避免预先采取立场，如何保证利益相关者的公平待遇，与何人、于何时分享初步的研究成果，等等。根据我们对政策研究报告的观察（我们自己的和他人的），我们为你提出了一套最起码的道德标准。你要随着经验的增长而扩充它们。

决不更改数据

数据就是数据。即使你"知道"有的人填调查表格时"言不由衷"，或在个案研究中经理通常情况下并不会冲员工喊叫，你也要服从伦理准则，报告你所看到的。你有理由忽略一些观察值，但你首先应该汇报它们。

避免收集和存储身份信息

政策研究者通常需要一些方法来唯一地标识受访者。因为他们需要把采访记录、调查数据或结果分数统一起来。使用政府颁发的标识符如社会安全号码、护照号码或者用雇员标识号码显得很有诱惑力。但千万不要使用它们！私人的、唯一的标识符通常用于访问机密记录和金融账户。如果你收集这些标识符，但它们丢失了或被盗了（计算机黑客），按法律规定你就要挂失并通知被害人。你甚至可能被起诉。

因此，不要使用私人的、唯一的标识符，试图做一个你自己的标识系统。用完后，销毁这些可被识别的信息，如姓名、电子邮件地址或雇主。这样你可以减少无意伤害被研究对象的机会。例如，如果你收集员工工作满意度的数据，雇主可能就想确定哪些员工不满并采取行动对付他们。如果你只知道标识符代码，而不是受试者的身份，即使你想，也提供不出这样的信息。

告诉参与者研究结果，并让他们评论

当人们参与到研究中，他们知道你是在进行研究并期望学习新东西。因此，你告诉他们你学到了什么很重要。并且还应该让他们告诉你，你的结果是否符合他们的经验，是否得到了准确的记录和解释。如果他们同意你的结论，可以增加你对政策建议的信心。如果他们发现事实错误，你应予以纠正。如果他们不同意你对事实的解释，它可能会鼓励你学习更多。

切勿过度承诺你的研究的影响

为了激励人们参与到研究中，研究人员有时会说这样的话："这些数据将用于决定你会被提供什么样的服务。"问题在于你并不能保证这些承诺，只有决策者才能做到这一点。你能做的就是提供调查结果和建议给政策制定者，但不能保证它们将被使用。不过度承诺，你就不会被人们过高地期望。

不要浪费受访者的时间

美国联邦指导方针明确指出研究不应该伤害人，哪怕是无意的。例如，如果你开始进行干预，以遏制儿童肥胖，但得知孩子在家由于不听话（因为家长的话与干预矛盾）而受处罚，则应立即停止干预。这是一个伤害的明确实例。而我们认为一个不太明显但仍然是重要的危害是浪费受访者的时间。

政策研究者应避免同样的问题问两次。他们应在对方讲第一次时就好好听，做好笔记。没有理由让受访者再重复一遍。政策研究的目的在于为利益相关者谋利，这当然包括研究参与者。尊重他们的时间是为他们利益考虑的一种方式。

表 4.7 总结了我们认为最起码的伦理准则。

表 4.7　政策研究人员的伦理指南

- 绝不更改数据
- 避免收集和存储身份信息
- 告诉参与者研究结果，并让他们评论
- 切勿过度承诺你的研究的影响
- 不要浪费受访者的时间

活动 4.5：评估你对证据信心的需求度

每种方法（成本—效益或效果评估，实地试验，访谈，问卷调查和个案研究）都能对你的目标问题提供有价值的答案。然而，没有一种可以给你完美的数据。总有一些数据错误：也许你的成本效益研究中成本信息太陈旧了，也许你在实地试验中所定义的"干预成功"过于狭窄，也许经理在接受采访时被裁员计划分心，也许问卷回答者没有仔细地看问题，也许你的个案研究中选择的"有效"的机构与你的目标机构根本不相似。

因此，在整个数据收集工作中，你应该评估一下你自己对数据的信心，并自问这些数据是否足够得出想要得出的结论。如果你的信心不足，你可能需要重新设计数据采集方法。什么样的情况会令你想这样做？假设你打算向村长申请许可，询问村民所使用的灌溉泵的有效性。如果你发现村长是泵供应商的亲戚，你可能就要考虑村民不会跟你说实话。也就是说，此时你通过直接询问人们获取的数据可能有偏差，你需要一些其他的方式来获得准确的数据。这样的问题很少是不可解决的。如果你基于这些证据来做建议，你就必须要保持警惕，尽量避免那些会显著减少信心的情形。

简单的规则是，为了得到更多的信心，你在设计取得新证据阶段就要多付出心血。例如，当建议方案的成本很高，并且可以预见存在灾难性的风险时，对获得新的证据你就应该更加小心。你可以这样增加你的信心，一遍一遍地问自己："如果数据显示更好的结果 ／ 结果没有变化 ／ 有不良后果，那么有没有其他的解释？"

获取证据的设计最有创意的部分在于产生"似是而非的另类解释"
（Shadish et al.， 2002），它可以显示你的证据的有效性（或缺乏
有效性）。例如，研究结果显示干预没有达到预期的效果，这可能
意味着该干预是无效的，也可能是干预没有被执行好（村民们没有
学会使用新泵、备用零件未运到等）。除非你能排除"没有被执行
好"的可能性，否则你就不能有效地断定干预没用。（如果村长的
家庭与泵供应商有关联，怎样排除这个因素对你有关灌溉泵效率的
证据的有效性的威胁？）

设计一项消除貌似合理的替代假说的研究是一个追求创意的过
程。你的导师、专家组可以帮助你。你也可以与少数的研究参与者
或利益相关者合作，开展试点来实施提议的干预措施。告诉你的专
家组和你的试验组成员你的研究设计及预期的结果，询问他们对预
期结果的合理的替代解释，然后想出办法来排除这些替代解释。（例
如，你可以同使用相同水泵的其他村庄的人交流。）

对那些看起来最合理的替代假说想出有说服力的答案并排除这
些假设将会显著地增加政策研究的时间和成本。因此，你应该估计
你需要对自己的建议有多少信心。对于实地试验的或简单的、低风
险的、很容易恢复原状的试点项目，你可以要求较低的确信度。而
对于需要全面实施的、昂贵的和有风险的基础设施项目则相反，你
需要较高的确信度。

获取新证据阶段的可交付成果

在获取新证据阶段，第一个交付成果是一个证据收集设计备忘
录。最终的交付是一份报告，总结你（或他人）执行你的研究设计
后获得的调查结果。

交付成果 4.1： 新证据收集设计备忘录

在完成前面讨论的五项活动后，你应该记录你的研究设计选择，

形成备忘录。设计备忘录描述了要获得的证据的特性，这些证据该如何收集，对于收集到的证据你有多少信心。该设计备忘录比较短（2 ～ 4 页），包括以下主题。

有针对性地研究问题。 简要解释为什么需要获得额外数据。总结一下目前还不清楚的有关政策问题及其解决方案，以及该研究问题弥补了什么样的知识空缺。例如，你可能会注意到针对一个问题有两种解决方案被提出，但不清楚它们的成本、收益和风险。

目标人群。 明确与新证据有关的利益相关者群体：可能是那些遭遇困难的人（例如，无家可归者、饥饿者、癌症患者、印度的贫困妇女），可能是那些提供相关服务的机构或人（例如，诊所、银行、护理人员）或一些其他集团。描述收集证据过程中来自或关于目标人群的伦理问题和实际操作问题。例如，证据收集是口头询问还是观察记录的？是否经过了翻译？是否只需要一个领导的许可？需要哪些保障措施以确保保密？等等。

需要获得的证据。 描述一下要收集的数据。这里你要说明关键概念的定义和如何操作化，并且对如何进行干预有明确指示。务必提供一个考核指标，我们称之为"处置保真度"（treatment fidelity），来评估实际干预与你想要的干预之间的差距。在本章先前描述的实地试验中，让士兵来描述他们的指挥官的行为变化就是一种"处置保真度"指标。

数据收集方法。 解释你想要的证据收集方法。如果你的设计涉及一个组织的案例研究，那么应该访谈多少人、访谈多长时间？应收集哪些文件？如何汇总和呈现数据？此外在这部分，你应该解释你想如何交付数据。例如，你可以确定召开研究汇报会议，以及总结研究结果报告如何分发。

如何确保对证据的信心。 在这部分中，你列出最合理的替代假说，并说明你打算怎样排除它们，或者你希望别人采取什么措施来增强对结果的信心。

准备好备忘录后，要从你的专家组征求意见，并添加到备忘录中去！如果需要，要根据他们的意见有针对性地更改你的设计。表4.8给出了4.1交付成果的一个例子。它是前文为解决新兵擅自缺席问题进行的实地试验。

表4.8 实地试验的4.1交付成果示例（新证据收集设计备忘录）

有针对性的研究问题	指挥官在新兵擅自缺席时，采取与以前不一样的做法，是否会降低新兵的擅自缺席率？
目标人群	新兵的擅自缺席行为，以及指挥官受培训后的指导行为
需要获得的证据	新兵的擅自缺席事件，新兵对指挥官的行为变化的观察
证据收集方法	在培训计划中对军事单位进行随机分配，一半实施培训，另一半作为对照组。像以往那样追踪擅自缺席情况。在干预完成后调查新兵的"处置保真度"
如何确保对证据的信心	确保随机分配，对新兵调查STORM情境的改变，以检测经过一段时间后的差异，或在干预组和对照组之间的差异
顾问的评论	需要确保分配给干预组的军事单位在规模大小和地理位置上的代表性

表4.9 实地试验的4.2交付成果示例（文件式新证据）

政策研究问题	如何减少新兵的擅自缺席？
目标问题	指挥官在新兵擅自缺席时，采取与以前不一样的做法，是否会降低新兵的擅自缺席率？
设计决定	实地试验，随机分配军事单位组成干预组和对照组
设计与现实之间的差距	并非所有试点单位都执行了指令。没有比较对照组和干预组，而是比较有较高"处置保真度"的军事单位与其他所有单位
发现	"处置保真度"越高，新兵擅自缺席减少越多
对结果的信心	高，因为随机分配和高的"处置保真度"

交付成果 4.2：文件式新证据

此交付成果应该是另一种简短的备忘录，在数据采集和调查结果分析完成后撰写。这个简短的备忘录应遵从下面的大纲：

1. 对整体研究问题的总结
2. 有针对性的政策研究问题
3. 汇总的数据采集设计决策（指交付成果 4.1）
4. 数据收集设计和数据实际获得方式之间的差异（如果有的话）
5. 从数据分析出的结果
6. 你对结果有多大的信心（数据的信度）

表 4.9 即为交付成果 4.2 的一个例子。

结论

在获取新证据阶段结束时，你已经填补了有关政策问题或它的解决方案的知识空白。你对你得到的答案有信心，因为你在以下几个方面投入了心血：操作化概念，选择数据收集方法，设计数据收集工作，考虑到了保护利益相关者，排除了替代假设。

获取新证据的决定不容易做出。不过，即使需要收集新的一手证据也不要害怕。对于我们一些人来说，这是政策研究最令人兴奋的地方，因为没有固定的答案，需要大量的创意。不管设计阶段多小心，你花了多长时间，一旦开始收集数据后，总会有许多预料不到的事情。不断鼓励自己，享受这个乐趣吧！

练习

1. 在第 3 章的练习问题中，选取 2 ~ 3 个你检查过的已发表的调查研究，然后：

　　– 撰写报告主要部分的高水平概要；

　　– 识别研究人员提出的方法和主要研究设计选择；

　　– 陈述研究的长处和弱点，并把它们与表 4.2 所示的一般模式的长处和弱点进行比较；

　　– 评估你对结果有多大的信心。

2. 为下面每个针对性的问题设计收集一手新证据的方法：

　　– 什么样的干预可以使无家可归者不再流落街头？

　　– 什么教育宣传最有效，可以动员人们要求对全球气候变化采取行动？

　　– 应采取哪些关于基础设施的规定，以减少高层建筑在木米的 8.0 级地震中倒塌的可能性？

　　– 使用电子健康记录是否能减少在医疗诊所的等待时间？

思考笔记

第 5 章

政策建议的设计

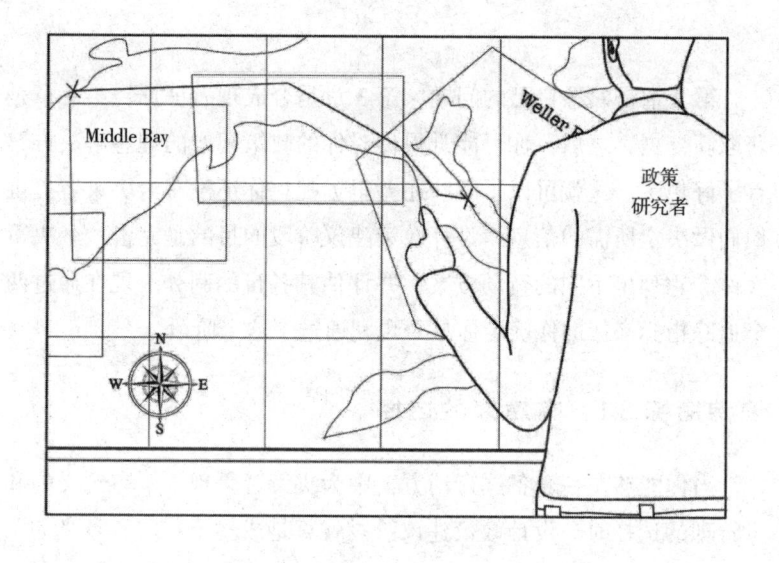

政策
研究者

概要

现在，你拥有通过系统评价现有证据而获取的合成证据（第 3 章），也拥有你自己生产的新证据（第 4 章），你该为政策问题设计政策建议了。"设计"一词用在这里，表明向政策制定者提出建议也是一个高度创造性的过程。建议不会自己冒出来，它们必须经过一个"创造—设计"的过程，从你的灵光一现，到数据分析，再到与政策问题紧密连接起来。设计政策建议阶段需要平衡解决政策问题的迫切性和现实局限（如时间、资源需求、政治支持）。设计政策建议阶段的关键是想出一套不同的备选干预方案。这些干预方案要求既有意义，因为这样才能解决你的政策问题；又具可管理性，因为这样才能帮助决策者决定采取行动。图 5.1 描述了这一阶段的四个活动事项和一个主要目标。

设计政策建议阶段的追踪指标

第 2 章是熟悉自己的问题，第 3 章是合成现有证据，第 4 章是获取新证据，之后，你可能觉得你对你的政策问题的理想解决方案有了好想法。这就可以了吗？还差得远呢！你还没有给决策者提供他们做决定所需的信息。设计政策建议阶段的目的是完善一个决策文件。它列出不同的行动方案，并评估其各自的利弊。现在通过两个追踪指标来帮助你确定你是否顺利通过了这个阶段。

追踪指标 5.1：有意义的选择

当你能够在一套备选行动方案中为决策者呈现一个有意义的和可管理的选择时，设计政策建议阶段就算是成功了。"有意义的"（Meaningful）意味着这套备选方案捕捉到了此问题最合理的观点，也捕捉到了解决此问题的证据。这样才有机会提供政治上可行的一个解决方案，从而实际上改善问题。有两点很重要：在前面两章我们强调证据——事实和数据——的客观性，特别是量化形式的科学研究，认为科学化、描述性和观察性是重要的（例如，个案研究）。现在是时候将意见重新纳入其中了。究其原因，成功的政策研究需要面对利益相关者根深蒂固的信念和偏好。即使你不同意他们的观点，也要承认有不同意见并公正地分析它们，才能支持建设性的对话和知情决策。这还可以帮助你建立第 6 章所谓的有说服力的案例。

其次，"有意义的"意味着你提供给决策者们的备选方案是可行的。良好的政策建议是对一个政策制定者（她或他代表的选区）

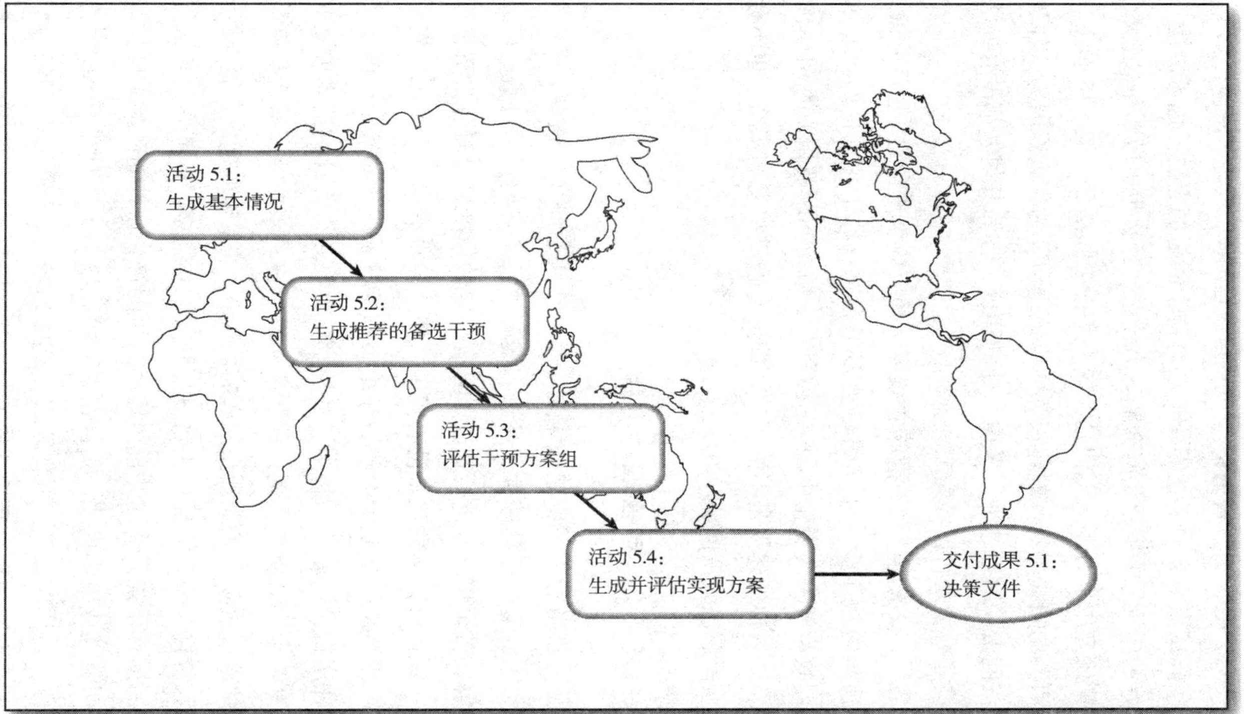

图 5.1　设计政策建议阶段航海图

活动 5.1:
生成基本情况

活动 5.2:
生成推荐的备选干预

活动 5.3:
评估干预方案组

活动 5.4:
生成并评估实现方案

交付成果 5.1:
决策文件

应该或不应该做什么的陈述。在语法上，政策建议是包含行为动词的祈使句，比如"废除法律"，或"建造运河"，或"支持该计划"，或"实施试点方案"。"不要追求对这个问题的立法"也可以是一个很好的建议。（稍后我们会解释为什么"什么也不做"和"观望"在政策研究中也有用。）但是，像"考虑废除法律"或"考虑建一个运河"的句式是不好的建议。你应该避免。为什么？因为这种建议无法问责。对于这种"考虑"性的建议，你和其他人都没有办法知道这些行为是否已经完成。

最后，"有意义的"意味着政策选择应该是适当的。也就是说，它们应该解决至少一个（最好更多）问题：你干预理论的核心维度（即政策解决改变轮中的"How"），政策问题及相关的STORM情境。如果你的建议是不恰当的，即使它们被接受和实施，也不会有望实际解决政策问题。

追踪指标 5.2：可管理的选择

从一堆备选方案中给政策制定者一个可管理（Manageable）的选择，意味着你已经减少了备选方案的数目。它们只手可数，可以被理解、被记忆，并进行比较，且有一定的标准可以对各方案进行评估。对备选方案的数量没有规定，但经验是有四五个备选方案比较好。想一想许多复杂的消费品给出的推荐系统，如汽车、电子产品或住房抵押贷款等。每个产品类别，都有数以百计的选择项。如果只有一个产品属性（例如，颜色）对于你是重要的，那么很容易快速地审视选项列表找到相关产品。但是，如果你的标准包括颜色、大小和价格，那么，你的决策过程则要困难得多。这就是为什么好的产品推荐系统只让你并排比较小数目的符合条件的产品（例如黄色，四英寸或更小尺寸，价格在 250 美元以下）。四到五个备选方案可以并排比较，是"可管理的"，但 20 或 30 个选项就不易管理。

备选方案的数量和挑选标准的数目都应当是"可管理的"，同时还要都是"有意义的"。这意味着它们应该解决政策问题，而不能忽略关键利益相关者的干预和标准。否则，主要利益相关者很可能会不理睬你的分析，认为它是有偏见的或有缺陷的。这是一个具有挑战的平衡。这就是为什么我们用设计这个词作为这个阶段的标签。制定良好的政策建议是一个非常有创意的活动。你不能只凭捣弄数字就把它做好。你还要用心思考，并让你的顾问来挑战你的想法。本章提供了各种建议和实例来引导你做好设计政策建议这一过程。

设计政策建议阶段的活动

设计政策建议阶段有以下四个活动：

活动 5.1：生成基本情况
活动 5.2：生成推荐的备选干预
活动 5.3：评估干预方案组
活动 5.4：生成并评估实现方案

设计政策建议阶段的第一个活动是记录当前形势，详细列出"什么都不做"的成本，并明确规定用以评估不同的干预（相对什么都不做）的标准。我们称之为"生成基本情况"。

在接下来的两个活动中，你会生成并评估旨在改变现状的备选干预方案。一旦做到了这一点，你的政策决策者可能会决定专注于一个单一的、更为有利的行动方案。然后，你的任务可能会转移到第 4 个活动：生成并评估落实该首选方案的各种备选方法。

举例来说，假设你已经生成和评估了两个处理公司财务不当行为的备选方案：（1）自愿行动；（2）严厉的新规定。一旦你的政策制定者决定采取强硬的第二方案，他们可能会要求你生成和评估实施这些法规的方法。一种方法是只对银行适用的法规，另一种则是将它们应用到所有金融服务供应商，而不仅仅是银行。另一组实施方法可能是比较一次性全部引入新的法规抑或经过一定年限后逐步引入。

活动 5.1：生成基本情况

基本情况是记录当前形势，详细列出什么都不做的成本，并明确规定用以衡量不同干预的标准。前面我们说过，"什么也不做"和"观望"总是应该列在政策决策的选项之中。这有几个原因。

为什么"无为"（Doing Nothing）可以是一个很好的建议

首先，无为有时是最好的解决方案。这是因为引入变革总是涉及成本，不管是金钱、时间，还是机会成本（转做其他事的好处），或可能带来风险。这些成本有时会同时超过现状的缺点和提议方案所带来的好处。假设在非洲一个村庄挖井将增加作物产量 5%，但也将增加 10% 粮食的成本（因为运行和维护成本）。如果村里的人目前只是求生存状态，新的"解决方案"可能是一场灾难。

无为有时会成为最好的解决方案的另一个原因是，干预可能会产生意想不到的不良后果。例如，一些大学生设计了一个简单而廉价的金属带，可以延长黏土盘三倍的寿命。埃塞俄比亚村民使用黏土盘做面包。你可能认为这个创新挺好。但是，虽然受益者很多，但是制作黏土盘的人的生计却受到了威胁（Beiser，2011）。（给黏土盘生产者种金属带的销售许可，随同黏土盘一起出售可以减少这个危害。后面我们会讨论，你怎样能够预见意外的消极后果，并解决这些问题。）

当问题的范围或解决方案的有效性非常不确定时，什么都不做（至少目前如此），也是适当的建议。通过等待和密切监测形势，政策制定者可以找到干预的最佳时机。假设你有症状，可能是也可能不是一种严重的疾病。并且假设这样一种病有一个治疗方法，有时能缓和症状，有时会产生讨厌的副作用（比疾病本身更糟糕）。在这样的情况下，大多数医生会建议你下个月回来做另一次检查。政策决策是同样的道理。

明确基本情况和评估标准

"什么都不做"和"观望"永远都是政策的备选项。然而有时这些选项是不理想的，因为它们允许目前事态的危害累积（例如，全球变暖）。因此，你把决策者现在什么都不做的成本解释清楚就非常重要。这是基本情况所应当包含的。这意味着你要用数据说明是谁被伤害、伤害的程度，以及怎样受的伤害。通过记录基本情况（现状），你能清楚地阐明问题的维度（性质）和程度（数量）。基本情况告诉决策者无所作为的代价，还列出每个替代方案有什么代价，有多大不确定性，有什么潜在的负面影响，可以预期改善这个问题的哪一个维度。换句话说，通过明确基本情况，你阐明了评价不同方案的标准。

你在启动阶段完成的**政策问题改变轮**可以简化生成基本情况的活动。生成基本情况的重要之处在于确定对当前情况进行评估的维度：有什么样的危害？谁收益？谁损失？哪里的问题最严重？你应该确保其中包括能影响政策的利益相关者所关注的问题。例如，如果你的目标是减少青少年怀孕或性传播疾病，你很可能会考虑一个安全套分发方案作为可能的干预选项。社会保守派经常反对这样的干预，认为它们会促进非法的性行为。这意味着基本情况应当包括性行为规范的维度。当你评估主推之外的备选方案时，也要评估在备选者此维度上可能的不利影响。在描述基本情况和评估备选干预措施时，要使用相同的维度。

你在启动阶段完成的 STORM 情境分析有助于生成评估备选方案的维度。例如，文化兼容性是评估许多干预措施的一个重要方面。它指的是干预与关键利益相关者所熟悉的事物之间的匹配。其他维度可以通过思考干预的潜在风险而浮出水面。例如，一些专家认为，电子病历可能会导致医疗保健专业人员的信息超载。此外，一些人担心电子病历虽然有时提供的信息可用于防范医疗事故诉讼，但在一些场合却可能助长诉讼（Putre，2011）。因此，在评估电子病历作为干预方案时，维度应该包括它的临床决策影响和法律效力影响。

文本框 5.1 描述了基本情况的一个例子。

文本框 5.1　　　　　　　基本情况实例

　　加利福尼亚州圣华金三角洲防洪部遇到几个问题。在干预防洪体系前，应先写出一个描述现状的基本情况。它可以包括以下几点（改编自 Lund et al., 2010）。首先，该三角洲非常重要，因为它是加利福尼亚州家庭和农业用水的最大单一来源，作为美洲西海岸最大的河口，它是许多重要的鱼类、其他动物物种的家园。第二，三角洲（在哪里？即 Where）遇到了危机，源于海平面上升、气候变化、在三角洲的土地利用，以及给加利福尼亚的其他地区供水。（这些因素是问题"How"产生的因素，也是干预为解决这一问题所瞄准的可能目标，即"What's"。）

　　危机的表征包括：鱼类物种的剧减、水质恶化、堤防失败的风险增加。（这些是"Why"，并对应了干预措施将来应该完成的目标。）

　　这些基本情况表明，应根据四个维度对干预措施进行评估：

• 对水质，干预意味着什么？

• 对生态系统，尤其是鱼类，干预意味着什么？

• 干预措施将如何影响到三角洲的土地利用，例如，农业用地、娱乐业和城市扩张，以及变化产生的可能的经济影响。

• 干预措施将如何影响水对其他地区的供给，以及变化产生的经济影响？

（改自 Lund et al., 2010）

活动 5.2：生成推荐的备选干预

下一个活动是确定一组后面会进行评估的可以相互替代的干预方案（相对于什么也不做的基本情况）。同样基于可管理性，你在此处的干预方案数目应是四个或更少。

你确定备选方案的最好向导是你的理论，**政策改变轮**中的"How"问题。对于文本框 5.1 中所述的圣华金三角洲问题，共有三个"How"被列出：（1）海平面上升和气候变化；（2）土地使用；（3）水出口（到其他地区）。对于每个"How"推荐一个干预措施，共得到三种替代干预措施：（1）停止从三角洲出口水；（2）修建一个外围运河水出口；或者（3）把外围运河与当前通过三角洲抽水的做法合在一起（Lund et al., 2010）。

干预方案组中应该包括至少一个有证据支持的干预方案。伦德（Lund）和其同事（2010）对三种干预措施都提供了证据。作为另一实例，如果你的政策问题是如何最好地提高非洲村庄农作物灌溉用水的供应，你的证据合成可以显示下面四类备选方案：（1）重新引入或加强当地人的水管理实践；（2）在村中建立一个新的超人气水井；（3）维修现有的荒废水井；（4）增加农民使用私人人力泵的机会。干预方案组中应该包括四种干预并在后面进行分析。

在选择干预方案组时也应考虑到，与你的干预相关的 STORM 情境有多么容易受影响。记得我们在第 1 章指出，一些环境条件相对其他条件更容易改变。如果你希望你的干预奏效，那么你需要推荐不容易受环境变化影响的干预措施。例如，重新采用当地人进行水管理实践可能需要男人。如果当地的男人已经离开村庄到城市找工作去了，并且他们返回乡村的可能性极低，那么你就要在下一步考虑中放弃这种干预措施。如果男人返乡是可能的，但不是绝对确定的，那么你可以列出此项干预，但要在你评估这些选项时，说明此不确定性。

干预方案组也应包括那些能得到利益相关者最强支持的方案，

即使有证据表明那些方案不能特别有效地解决问题。如果有证据表明，一个关键利益相关者的首选干预是无效的，你可以在进行活动5.3时指出这一点。例如，你的政策问题是如何防止青少年怀孕，你的干预方案可能是：（1）开展性教育；（2）启动安全套发放方案；（3）把前两项结合起来；（4）赞助禁欲计划。为什么包括第（4）条呢？不是因为它有效，而是因为社会保守派这样主张。

在理想情况下，你选择推荐的干预组将是 MECE（发音为 ME-SEE）[1]，即它们是相互独立和完全穷尽的。这意味着备选干预方案之间的差异非常清楚，重叠度不大，同时备选方案组涵盖了所有可能的范围。MECE 并不总是能够实现，但它是目标。

有时，生成干预方案组是一个简单的过程，它们直接来自你的理论、你合成的证据或新产生的证据、利益相关者的建议，就如上述例子。但有时，尤其是当证据非常稀少时，生成干预方案组要从零开始。下面是三种常用的用以生成干预方案组的策略：

1. 大爆炸式的或激进的干预。
2. 增量干预，在某一方面比较小但可重复的变化。
3. 全面干预，某情形下许多方面同时相互协调的一套变化。

这些通用的策略每个都有不同的理论来讲"How"，也各有利弊。

大爆炸式的或激进的干预

大爆炸式干预的背后的逻辑是乱世用重典。例如，假设你的目标是消除跨国公司管理者为换取在发展中国家做生意的许可而发生的行贿。英国近期实施了大爆炸式的干预，以打击这种做法。它通过了一项严厉的新法，英国企业在世界任何地方的附属公司，只要牵涉腐败行为，企业就会在英国被起诉。其他大爆炸干预的例子有核电站、大型软件项目，以及授权项目（如医疗保险和社会保障方面授权项目）的新的重大改革。

---

[1] Mutually Exclusive and Collectively Exhaustive.

大爆炸式的干预往往看起来不错，因为它们似乎能一劳永逸地解决问题。然而，这往往是很难实现的。首先，它们是昂贵的并且经常需要很长的时间。这意味着，效益有可能滞后很长时间，而当前形势的成本却不断积聚。第二，他们往往会影响众多利益相关群体，几乎总是有反对者。第三，大爆炸式的干预往往有负作用。例如，跨国企业可能会把总部从英国迁移到另一国，以规避反腐败新法规。最后，如果大爆炸式的解决方案效果不佳，或者负面影响实在是太大，那么它们通常很难（即使并非不可能）逆转。

增量干预

增量干预的操作类似于把钱存入银行账户获得复利。每一段时间，你可能只得到一点点改进，但随着时间的推移，这些小的改进却可以累积成大的成果。文本框 5.2 和 5.3 显示了两个针对零钱腐败使用增量干预的例子。所谓"零钱腐败"是指普遍存在的，官员就应该做的工作而收受小额礼品和贿赂。专家认为零钱腐败极大地阻碍了经济的发展。但是，试图通过把责任归咎于行贿者并将其定为刑事犯罪谴责行贿者（大爆炸式的解决方案）来消除这种现象的方案却是行不通的。零钱腐败的一个重要原因是工资过低不足以支付最低生活所需。如文本框 5.2 所示，一个组织试图通过发行零卢比纸币来打击印度的零钱腐败。人们可以给那些要求他们行贿的人零卢比。这不值钱的纸币羞辱了受贿人，它不是正式的惩罚但往往更有效。

文本框 5.2　　　　　　贿赂战斗机：零卢比纸币

零卢比纸币是……低成本、低技术含量的自下而上的解决方案……2007 年，在 90 分钟的有关腐败问题的宣讲教育后，第一批 25000 份零卢比发放给了人们……很快，人们开始反馈成功使用零卢比纸币的故事，要求更多的零卢比纸币……

拉吉是一个小商人……是一个成功使用零卢比的商人。当他和其他六个受托人到登记处设立一个非营利慈善机构时，职员告诉他们，有一些"手续"可能会延迟对有关申请的处理，除非交 3000 卢比（约 70 美元）的茶水费。

拉吉并没有给职员钱，而是塞给他零卢比纸币。拉吉说，该店员目瞪口呆，看了看纸币，开始坚持说他只是要求"小费"，而不是贿赂。但是，当监管员听到他们的谈话，并看了看零卢比纸币，立即下令职员处理该慈善机构的发证。拉吉说，后来这个监管员告诉我们，他确信这是第一次没有支付贿赂就完成的注册。

（Kahn，2010）

文本框 5.3 显示的是增量干预来应对零钱贿赂的第二个例子。它主要从行贿人着手。行贿者经常送些小额的、不是被索要的、非货币的礼品给公务员或者提供所需服务的商人。只是简单地拒绝这些礼物可能不是一个很好的选择，因为这样做会给人难堪：这可能违反当地的文化。但接受这样的礼物也大有问题。尽管送礼不算作行贿，送礼者可能仍然希望得到特殊待遇。在非洲，一个商人成功地阻止了这样的送礼行为。他把礼品当成抽奖礼品送给他的员工。当消息传出去，没有人再给他送礼了。这位商人用这种方式避免了给人难堪。

文本框 5.3　　　　　　礼品杀手：公司抽奖

"很显然，圆珠笔或钢笔，假设它不是一个别致的设计师的模型，是不会和私人电脑或到旅游胜地的机票相提并论的。

"以我的经验，好的远离腐败嫌疑的办法是把员工个人送的礼物返回给公司，并通过抽奖让每人都有可能得到它。有一次我在非洲一个发展中国家执行任务，没想到收到了很多礼品。在我第一年任务结束时，我把它们放在公司会议室进行陈列、编号，让所有员工抽奖。这样，从值夜保

安到管理人员的秘书，每个人都有机会获得超出他们能力
范围的物品。

"大多数的礼品来自那些客户，他们知道在供不应求
的商品的供给上（由于缺乏进口许可证）或是价格折扣上
存在灵活性。我不想暗示客户希望他们用这些礼品贿赂我。
自从人们知道我这样处理礼品后，就再也没有送礼了"。

（Leisinger，1998：121）

增量干预的解决方案往往是低成本的，而且可能只需要本地支
持。这意味着它们经常被可能反对它的利益相关者监视。以后，如
果增量干预产生良好的效果，支持的热忱就可能增长，政治上的反
对很容易克服。如果增量干预的效果不如预期，它们往往容易悄悄
地撤销，不破坏支持它的政策决策者的名誉。另一方面，增量干预
可能无法足够快地防止当前形势的危害累积到不可接受的程度。并
且在某些情况下（例如，防洪）也不存在增量干预。

全面干预

全面干预的理念是为了坚持变革，需要在当前局势的几个不同
方面，而不仅仅是一个方面，同时进行协调性的干预。国家或企业
层面的腐败的例子可以说明这一理念。一些专家说，与国家层面的
腐败作斗争涉及"八大支柱"（Stapenhurst & Langseth，1997）：

1. 公共部门的反腐败战略
2. 监督机构
3. 在民主进程中的公众参与
4. 公民社会的公众意识
5. 司法系统的可靠性
6. 媒体
7. 私营部门和国际业务
8. 国际合作

尽管一些国家的反腐可能倾向于集中在某一点上，但由于上述八大支柱是相互依存的，他们的做法很难成功。即使一个国家的立法机构通过了严厉的反腐败法规，这项立法也可能效果不大，除非有监视遵守法规的机构（或媒体），除非可以得到法庭的有效执行。此外，有许多方式让每个支柱都参与到反腐工作中来。例如，道德守则，提高公务员薪水（减少他们收受贿赂的动机），公务员制度改革，更好的培训，财务管理和审计程序，礼品披露，更好的采购程序，监督机构的政治独立，等等。这些干预措施中的任何一个独自拿出来能显著减少腐败吗？这似乎不太可能。

类似的情况存在于企业层面的腐败。为了遵守英国的强硬反腐败法规，公司会怎样做呢？公司董事和高管已经被敦促同时进行涉及多领域的全面改革计划。（Thomson Reuters Accelus, 2011）公司可能被敦促去做的一连串行动包括：

- 董事会级别者参与遵守反腐活动。
- 进行周期性的、有记录的风险评估。
- 为公司聘用人员或采用外包服务时开展尽职调查。
- 在组织内广泛宣传政策，并实施员工培训计划。
- 对结果定期进行监测，并报告监测结果。
- 审查改造有关的采购、娱乐政策，等等。

全面干预措施的做法是通过不断相互加强来显出成效。一个缺点是它很难实现不同利益相关者之间的合作（例如，董事会、采购人员、人力资源管理专家、企业通信专家、审计师）。但只有通过合作才能影响全面干预的方方面面。另一个缺点是有可能产生"强手腕"控制和僵化的程序。具有讽刺意味的是，这恰恰就是你想要解决的问题。这是不利结果的一个经典案例！

对人控制太多往往会导致欺诈。呆板的法规使生意更加困难，并鼓励人们偷工减料。"当改革派政治家制定法律来打击公司犯罪时，他们设置的程序，到最后可能迎合了他们试图抓住的罪犯的利益。这是因为公司法律的整个网络变得更加复杂了。"（Braithwaite，1979：129-130）举一个例子，纽约市为避免臭名昭著的腐败丑闻重演，开始实施新的承包规则。但规则变得如此难以遵守，该城市可能已经达不到预期的低成本防范和降低组织犯罪。"在某种程度上，承包商的欺诈行为是复杂政策的后果。这政策使城市和承包商之间的关系失调，也成就了那些利用一个迷宫一样、规则晦暗不明且效率低下的承包系统而获利的承包商。"（Anechiarico & Jacobs，1995）

为了避免"种下龙种，收获跳蚤"的情况出现，有两种有效的策略。一种策略是让干预措施同时解决多个支柱或维度的问题。例如，公务员制度改革可以通过下面几项改进来预防腐败：（1）正式的行为守则；（2）改进合格候选人的选拔；（3）标准化公务员编制（希望是改善）。第二个策略是文化干预、法律性的规则和惩罚两手一起抓。文化干预措施包括领导以身作则、提供价值观和行为规范的培训和教育、公开暴露存在的问题、讨论出现问题时员工应如何应对。

总之，如果你要从头设计替代方案组，上述的大爆炸式干预、增量干预、全面干预三种通用战略可以作为引导。表 5.1 总结了每个策略的利弊。知道这些利弊很重要，因为在设计政策建议的下一项活动中，你必须根据包含这些利弊的标准来评估**整套方案组**。

活动 5.3：评估干预方案组

一旦你有了干预方案组，你应该评估其中每一个方案。重要的一点是评估要做到公平。如果你只讲好处而不涉及成本或风险，政策制定者会看透你把某一个方案讲得天花乱坠的小算盘。

把待选方案与基本情况并排放在一起，使用同一标准进行评估，这有助于确保政策制定者有一系列的选择，并且其中一个可能以最小的风险、合理的成本来解决问题。

表 5.1 三个生成干预方案的通用策略的优点和缺点

干预类型	说　明	优　点	缺　点
大爆炸式干预	单一、大型项目旨在实现剧烈的改善成果	当它正常运作时，它创造一个很大的改进情况	昂贵、不确定、涉及延误、难以实施，往往在社会产生巨大的政治抵抗性，经常导致负面影响，很难或不可撤回
增量干预	尝试实现小而重复和累积的改进，在某个单一方面的改进	小的改进，随着时间的推移而累积，经常低成本实现，往往并不需要广泛的政治支持；便于根据结果增强或逆转	可能需要很长的时间才出现所需要的效果；即便是累积结果，可能也不足以解决问题
全面干预	同时干预几个方面	在每个维度上的变化可以是渐进的，但同时在多个维度的变化相互支持，能克服惯性	需要多位不同领导者一起协调和承诺，可能得不到适得其反的结果

　　你在基本情况阶段产生的标准是你评估这些干预措施的起点。例如，考虑非洲村庄农作物灌溉水的问题。假设根据证据，你产生了四种可供选择的干预措施，利用当地水资源管理村民用水活动、挖掘新井等。在你做基本工作的时候，你就确定了用于评估、推荐的主要的评价标准。干预应该符合：（1）水的供应得到改进；（2）有可行的初始投资要求；（3）有较少的操作要求；（4）具有最低限度的维护要求；（5）具有文化和环境相容性。现在，你要使用这些标准来评估四个干预措施。

　　你的评估可能会导致以下结论：当地人的水管理实践适应文化和环境背景（优点），但可能不足以有效地提供所需的水，并且如果很多村民已经移居到城市就很难维护（缺点）（Reij，1991）。大型水井的安装相当昂贵（缺点），但有可能得到补助资金（优点），并且它们效率高，有 100 米深，还可以靠村里的孩子来泵水。孩子们还以为他们是在玩游戏呢（优点）（Mukherjee，2008）。但如果没有维修计划和资源，这些新井最终可能会变成垃圾（缺点）（Pearce，2009）。如果村里的女人可以得到培训，维护现有水井的活动就很便宜（优点）（Hoque et al.，1991），但有的村的水井可能坏到无法修复，可能没有足够的容量（缺点）。脚踏板泵便宜（低于 35 美元），可以当地生产（还可以刺激经济），并且农民个人就可以安置，从而大幅提高农作物产量（优点）（Postel, 2001）。当然增加它的使用需要创造性的营销手段（如露天示范）（Postel, 2001）和小微金融贷款的支持（缺点）。另外，这种泵只对一定深度的水有效（缺点）。

　　很明显，水灌溉干预方案的分析是相当复杂的。为了有利于决策，我们建议你用一个表来呈现这些信息。列出所有的干预方案（包括基本情况），在每一个维度上都显示每个备选方案的优缺点（表5.2 是一个例子）。你在哪里不确定或有问题，最好直接说出来。如果其中列有利益相关者支持的方案，但没有证据证明其有效（或有证据证明它无效），一定要指出来。

表 5.2 为非洲村庄水资源管理方案进行的评估（假想案例）

评估维度	基本情况（不做什么）	加强当地水资源管理	建立一个新的超人气水井	恢复和维护荒废的水井	给村民分发脚踏泵
水可获得性方面的改进	负面，当前情况可能由于干旱情况恶化	不确定性增加，取决于降雨	如果地下水深度小于100米，则适当地增加（优点）	不确定性增加，取决于现有的井水可能的污染程度	不确定性增加，取决于村民能获得水的充分增加（优点）
初始投资要求	没有	需要男人完成土方工程，男人都在城市工作（缺点）	高的初始投资（缺点），但有获得援助金的可能（优点）	不确定，可能需要重建一些	低，泵便宜（优点），但归私人拥有和经营，因此，需要小额贷款（缺点）
操作要求	没有	低，一旦建成（优点）	低，可让儿童来提供动力（优点）	低，女性可以提水与农活相似（优点）	低，女性可以通过妇女操作（优点）
维护要求	没有	中等，偶尔的劳动要求，洪水情况下除外	不知道	低，如果女性能做训练做维护（优点）	低（优点）
文化兼容性	没有变化	与传统的性别角色一致（优点）	这是剥削儿童？（不确定）	大概与传统角色一致（优点）	泵的私有制可能破坏社区内部的合作（缺点）

　　基本情况中的评价标准是干预方案评估的出发点。但是你可能还需要增加另一些标准。例如，像我们前面讨论过的那样，如果你是从零开始设计备选方案，使用一个或更多的一般性战略（大爆炸式，增量干预和全面干预），你就应该包括它们的优点和缺点。特别是如果包含了大爆炸式的干预，那么很具体地了解其潜在的负面影响就是必须要做的事情。

　　你可能会反对讨论负面影响，认为它不是一个好主意，指出一些不太可能发生，而且还会采取安全措施加以防范的负面后果，有时会把一个很好的解决问题的办法变成了问题。然而，不去充分地考虑自己偏好的解决方案的潜在风险，这根本不是有责任心的政策研究行为。有证据表明，人们经常低估罕见事件的可能性和严重程度（Kahneman，2011），很容易列出一堆例子说明政策制定者或许应该采取更好的预防措施：飓风、核事故、金融危机和恐怖袭击等。

　　你可能还反对讨论你中意的方案的负面影响，会争辩说："怎么可能做到具体呢？"但有许多例子表明，负面结果在事后看完全是明显的。因此，只要稍微有一点创造性思维，你应该就能够预见到它们。例如，经济学家们的理论（像逆向选择和道德风险，都是些陌生的名词）指的是某种政策下（例如，保险），有些人比其他人有更多的信息，从而可能造成负面后果。以美国医疗改革为例，有人认为保险必须强制购买。否则，因为健康的人不愿意买保险，只剩下想要和需要保险的人买保险，保险公司承担不起。有些人现在还在争论这个逆向选择理论和这个强制购买保险的对错，但这不是重点。重点是医疗保健政策制定者在评估干预方案时，可以很容易地预测到至少一个负面副作用。同样地，如果你创造性地思考，你也能够在你自己的政策研究中做到这一点。

　　例如，市民往往能够针对政策变化，预测意想不到的负面效果：如果兴建更多道路以减少交通拥堵，更多的人会开车，拥堵反而更多。要是给人福利或失业保险，他们就不会找工作。如果因为执行任务比同事更好而奖励员工，工作场所中的合作就会减少。再强调一下，我们不是说这些陈述是真实的，而是想强调，提前想到实施干预产生的意料之外情理之中的负面影响并不是很难。

如果干预的意外副作用可能是灾难性的，你就需要在评估方案中明确指出。当你开始这个阶段的下一个活动时（活动 5.4：生成并评估实现方案），你需要明确如何解决潜在的灾难性风险。

类似表 5.2，你应该记录下你对干预方案的评价。包括基本情况、备选方案、评价标准、通用干预类型的利弊、可能的意料之外情理之中的负面影响的具体评估。并排放在一起的信息让决策者能够迅速浏览方案及其利弊，这将有助于他们做出决定。评价表是你要向你的顾问和决策者提交的决策核心文档（更详细的讨论见"交付成果 5.1"）。审核完这个文档，顾问或政策制定者可能会删除一个方案，或添加一个方案，或要求你对某些方案进行进一步分析。如果一个干预特别复杂或者很可能被选择，你很可能会被要求生成并评估该方案的执行办法，这是活动 5.4 的任务。

活动 5.4：生成并评估实现方案

生成并评估实现方案的执行办法类似于生成和评估备选干预方案组。你需要让它们数目上可管理，并且接近 MECE（相互独立且完全穷尽）。不同点是你问自己什么样的问题。

为了帮助生成实现方案，你可以问自己下面的问题：

•**干预的具体特征是什么？** 例如，周边三角洲运河容量多大？用什么样的泵？如果干预包括建立电动车充电站，一个关键的特征很可能是充电站的"支付模式"是现场支付还是订阅式支付。如果干预是医疗保险，一个关键的特征很可能是强制性购买保险。在你的证据合成期间，你要明确干预有效性的变化。活动 5.4 就是合适的时间和场合来重新审视这些变化并把它们纳入分析之中。

•**采取干预的范围应该有多大？** 例如，它应该涵盖 5 岁以下所有孩童还是 15 岁以下所有孩童？该干预的范围越大，可能的影响就越大，但风险也越大，也越可能失败。因此，你可以提出在不同范围内干预。

• **谁应该领导这个项目？** 例如，干预是由现有的组织或机构开始实施，还是设立一个新的组织？新的组织需要时间来建立，但如果用现有的机构，新项目又可能造成优先权的冲突。你应该提出执行办法中可能会涉及的不同组织选项或管理选项。

• **采取干预的时机和阶段呢？** 你能否在基本案例中逐步改进（例如，用于三角洲的水出口的更好的泵送技术），并在投资外围运河之前观察鱼类是否恢复？你可以先修建一条外围运河，继续泵水，观望鱼是否恢复，之后再决定是否停止泵水？通过回答类似的问题，你可以生成实施方案不同的时间或阶段选项。对于大爆炸式的干预措施，这特别有用。当一个建议干预有不确定收益或涉及难以评估的风险时，你可以通过推荐一组阶段性的实施来减少失败的成本或潜在的负作用。第一阶段只涉及试验性质的试点，然后再谈全面实施。例如，你可以尝试一下干预一所学校或学区，然后再将其扩大到整个州。你可以尝试为一类工作岗位提供一个时间更短、更专注的培训，然后再全面覆盖到每一个人。全力投入之前的试点非常有价值，能告诉我们干预有效性的更多证据和执行过程中的种种问题。此外，通过展示一个试点项目的成功，也能增加利益相关者的承诺及克服变革阻力。

那些需要很长的时间来建立并开始运作的干预（例如建造运河、大型信息系统）对决策者提出了特别的挑战，哪怕先不考虑它们的成本、收益或风险。即使政策制定者开始时能够说服利益相关者一个大项目的好处，但较长的工期也会给反对者改变和停止在建项目的机会。因此，对于任何大的建议方案，政策研究者总是应该寻找方法来减少它的体量、被延迟的可能性和风险。虽然我们得承认，并不总是能够找到它们。

一个减少体量、被延迟的可能性和风险的大体解决方案是以结果为导向的增量干预。这种方法是在实施定制软件包时被开发出来的，以替代传统的大爆炸式的方法（Fichman & Moses，1999）。传统的大爆炸式的软件开发是这样的，软件定制的工作依据软件的技术组件被分割成不同阶段，例如数据库、应用程序模块、管理报告等。这意味着整个项目完成前，人们不能使用该软件并得到它的好处。一个大型传统软件项目可能需要数年时间才能完成！

渐进的方法是把工作划分为短期（两或三个月）的阶段，这样的阶段划分可以使其中的每一个阶段都提供某种商业利益，即使该项目的其余部分还没完成。例如，第一个阶段可能被设计成用于识别那些由于原材料短缺而未完成的客户订单；第二个阶段可能是确定哪些是为满足复杂的、特殊的、一次性的客户订单，所需要订购的原料；第三个阶段可能是标识和建议客户订单超过制造能力时的解决方案；等等。

这种以结果为导向的渐进做法被很容易从软件项目扩展到多种类型的政策干预。通过快速提供可被证明的项目好处，增量的方法可以产生强大的政治支持，使干预项目得以延续，直到发挥其全部潜力。相反，如果执行的早期阶段不产生预期的结果，该项目可以快速而悄悄地取消，而不会成为全面的灾难——这是每个政策制定者都希望避免的。

设计阶段交付

设计政策建议阶段交付的是一份能比较不同的干预方案（或实现单一干预的备选方案）的决策文件（非常重要的一个阶段性成果！）。这份决策文件罗列清楚了所有问题和相关干预方案，用一个简单合理的方式帮助决策者决定如何行动。

交付成果 5.1：决策文件

在设计和评估了干预方案或一种干预措施的实施选择之后，你应该起草一份简短的、结构合理的讨论文件。这个文件提出基本情况、一定数目的干预方案组（或执行方法），以及每个干预（或执行）的备选评估。这里需要什么样的分析？想象一下"妇女选民联盟"在投票前所做的分析。该联盟认真（但简单）地分析每一个选票的优点和缺点，以方便选择基于证据的最优最优决策方案。

该政策决定文件并不需要很长，事实上它也不应该很长，如果你真的希望决策者阅读你的文件并受到你的分析的影响。尽量用表格和图表来增强文档的可读性。如果需要细节来支持你的观点，把它们放在附录中。表 5.3 提供了一个决策文件的大纲。

表 5.3　决策文件纲要样本（备选干预）

> 1. 简介
>   a. 对政策问题的一个简要描述以及为什么需要干预
>   b. 简要概述政策研究的方法
> 2. 基本情况
>   a. 现在的情况
>   b. 有关这个问题的证据（例如，人们在目前情况下受到伤害的证据）
>   c. 评价不同的干预方案采用的标准
>   d. 对干预方案进行评估
> 3. 推荐干预方案（或实现办法）评估
>   a. 备选方案一
>   i. 描述
>   ii. 根据标准所进行的（优劣）评估
>   b. 备选方案二
>   i. 描述
>   ii. 根据标准所进行的（优劣）评估
> 4. 建议
>   a. 把方案与基本情况作比较（汇总成表）
>   b. 为什么没有变化不是（或者是）一个选项
>   c. 哪一个方案值得选择，是推荐方案

结论

设计政策建议阶段是政策研究过程中一个重要的环节，政策制定者开始针对一个具体的方案来投入精力以解决政策问题。这个过程绝不会到此为止，还有许多工作要做，以扩大利益相关者的参与，并生成对一个特定行动过程的广泛支持（请看第 6 章）。随着参与的不断深入，干预方案组可能会改变，有些可能被剔出去，新的方案可能被补充进来，政策制定者青睐的首选也可能会更改。其结果是，设计政策建议阶段的结论是暂时的，并随时可能更改。虽然如此，该阶段是政策研究者影响政策决策的最大机会。所以，充分利用它，设计出一套优质的备选政策建议！

练　习

1. 总结你的政策问题的基本情况。针对其干预方案的评估标准是什么？

2. 给你的政策问题设计三个干预方案，根据标准评估它们。

3. 选择一个干预方案，分析三种可选的执行方法。应该使用什么标准来评价执行方法？描述三个方法的优缺点。

思考笔记

第 6 章

扩大利益相关者参与

概要

　　本章描述当你提出了政策改变的提议以后应该做什么。在这个阶段，你应扩大在政策改变过程中的**利益相关者参与**，并且在理想的情况下，获得利益相关者在政策改变方面的承诺。通过不断地发展和分享改变案例来完成利益相关者的扩展。所谓改变案例，指的是一系列关于你的证据和建议的信息，这些信息在证明你的建议有效这一方面，是有力的，以至于可以引发利益相关者支持政策改变和采取行动。

　　由于你是基于你的改变案例来扩大利益相关者参与，毫无疑问，你会面临新的在早期没有引发的利益相关者的担心和反对。虽然这些会让人沮丧，但它也可以提供一些建议，让你的建议变得更好、更可能成功。因此，扩大利益相关者参与的阶段是一个倾听、提炼你的建议，让你的改变案例不断迭代的过程。

我们花一分钟来谈谈倡导。虽然一些政策研究者论证说某项特定的政策干预的倡导是政策研究的一部分（例如 Cummins, Byers, & Pedrick, 2011），但是扩大利益相关者参与不是倡导本身。相反，它事关与利益相关者分享你在政策研究中所学到的东西，以提升你的建议或实施政策建议的有效性，以及提升你的改变案例的说服力。换句话说，这个阶段的目的是使用你对问题的描述（改变案例）和替代解决方案（你的建议）去回应利益相关者，并激发他们行动。在这个阶段，你应该用开放的心态带着你的变化案例到利益相关者那里，寻求他们的反馈，而非试图向利益相关者推销（或者倡导）你的改变案例。从反对你的建议和支持你的建议的利益相关者那里，你都同样能学到东西。

扩大**利益相关者参与**阶段的四个关键活动和三个交付成果如图6.1 所示。

扩大利益相关者参与阶段的检测指标

完成了设计政策建议阶段就来到了当前阶段。完成那一阶段是一个巨大的成就。可是，拥有对政策改变的建议和拥有其他人对政策改变的一致意见不是一回事。所以还需要做很多工作来达成一个决策或承诺来推行你的建议。

你成功地完成这个扩大利益相关者参与阶段的标志，就是政策制定者和利益相关者决定实施你的政策改变建议。可以是通过了立法，被公司的董事会批准，或是社区群体的心照不宣的同意，总之人们开始花费时间采取行动去实现改变。可是，你无法控制别人。

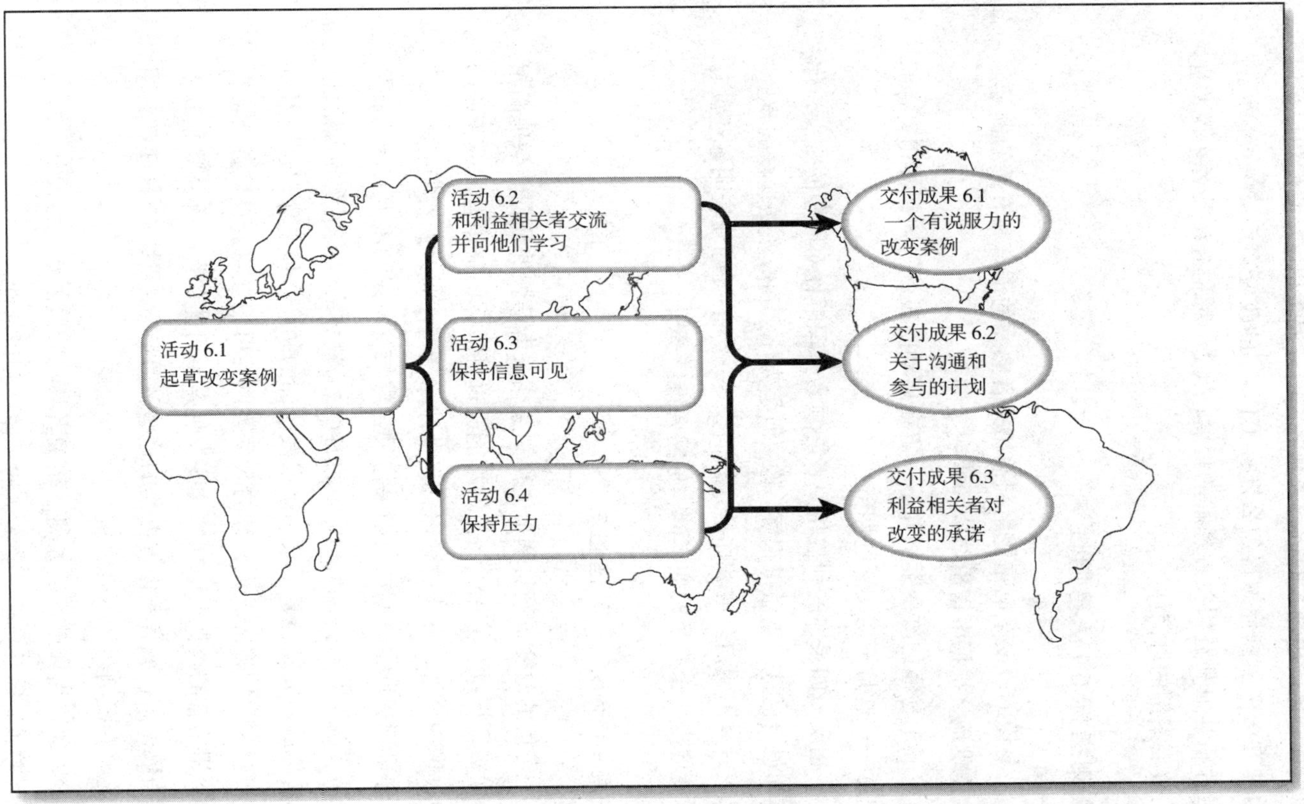

图 6.1　扩大利益相关者参与阶段的航程图

活动 6.1
起草改变案例

活动 6.2
和利益相关者交流
并向他们学习

活动 6.3
保持信息可见

活动 6.4
保持压力

交付成果 6.1
一个有说服力的
改变案例

交付成果 6.2
关于沟通和
参与的计划

交付成果 6.3
利益相关者对
改变的承诺

所以你别试图用别人的行动来判断你的进程。相反，我们建议采用两种方法来监测你做得怎么样：（1）你的改变案例被关键决策制定者和其他利益相关者理解的程度；（2）对利益相关者来说，你的改变案例的可信性。

监测指标 6.1：易懂性

易懂的改变案例是使用利益相关者熟悉的语言和有关的例子，并连贯地从证据中得出结论的改变案例。

一个易懂的改变案例并不一定在启动阶段就得到利益相关者的同意——这是不切实际的期待！

相反，如果你的利益相关者能领会并理解你对问题的观点，你就知道自己这一点做得很好。像"但是为什么我应该做这样的改变""我只是不明白"或"你是这样假设……"的提问就表明你还没有能发展出一个好的改变案例，你需要继续提升。

监测指标 6.2：可信性

可信的改变案例是基于值得利益相关者信赖的证据。当他们相信你对证据没有偏见，当他们不能通过挑战你的证据合成或新证据的收集和分析，不能质疑你研究设计的严密性时，利益相关者将信任你呈现的证据。例如，如果你只合成与有争议的出生权问题有关的高度偏差的资料，利益相关者可能会质疑你的改变案例的可信性。或者你的研究只检验了某一个宗教信仰的孕妇，但是你却试图对所有的妇女应用你的发现，你的改变案例的可信性将会被质疑。来自利益相关者的类似反应如"这些发现是不可能的""你从哪里弄来这些数据"，或者"你告诉我的这些就是感觉不对"，这些都表明你的改变案例还并不可信。

因此，当你进行扩大利益相关者参与阶段的活动的时候，要不断思考如何提升自己改变案例的易懂性和可信性。

扩大利益相关者参与阶段活动

四项活动将帮助你扩大你的利益相关者的**参与**：

活动 6.1 起草改变案例
活动 6.2 和利益相关者交流并向他们学习
活动 6.3 保持信息可见
活动 6.4 保持压力

活动 6.1：起草改变案例

在这项活动中，你起草你的改变案例。一个改变案例包括三个呈现要素：（1）你所调查的政策问题，包括该问题的普遍性和有害的结果；（2）为了解决该问题的可能干预的证据（合成证据和新搜集证据）；（3）你的政策建议。呈现这三个要素的关键在于要简洁、直截了当、合乎逻辑，而且可信。接下来是如何实现以上关键要点的建议。

使用数字和故事来显示政策问题的普遍性和重要性。当你第一次解释这个政策问题及其重要性的时候，使用数字来描述问题的普遍性，并用一些令人印象深刻的故事来说明问题导致的危害。如果你研究的是印度妇女的微小贷款项目，你可以先讲一个简短的真实故事，讲一个非常贫穷的妇女，以前为了果腹不得不让自己六岁的儿子去工作，而现在，在获得微小贷款以后，她有足够的钱送儿子去学校。进而你可以用在印度有多大数量的贫穷妇女将会真实地从这个微小贷款项目中受益来继续这个故事。你也许希望让这个可怜的妇女通过一段视频讲述自己的故事。短视频是一种出色的呈现案例例子的方法，因为和你自己的文字相比，短视频更有说服力。关于这个问题的普遍性的数字应该有可信的来源（例如，世界银行），在你的改变案例中，你可以引用权威来源的数据。

简化呈现最本质的证据。在呈现证据方面，简化很关键，因为你会汇编很多数据，可是你的听众只有很有限的注意力持续时间。第一，只呈现和你的建议直接有关的证据。不要用你在这个问题和解决方案中学到的有趣的事情来让利益相关者分心，除非这些事情和改变案例直接相关。（如果因为利益相关者期待你来讨论，你必须呈现这些不相关的证据，那么请快速略过并解释为何这些是不相关内容。）第二，用总结的形式来呈现你的证据，例如"在30个研究中，有28个研究显示营养不良损害微小贷款的成功"。（如有必要，你可以在附录中加上30个研究的总结。）第三，描述任何对你来说出乎意料或你认为会让听众感觉出乎意料的特别突出的证据。例如，如果你对微小贷款中成功率的性别差异感到惊讶的话，你可以用下面的文字来总结你的发现："令人惊讶的是捐赠人更愿意贷款给男性而非女性，即使女性比男性更容易通过微小贷款资助的生意获得成功。"第四，确保你的证据和你的建议直接关联，不要只是呈现和建议有关的证据，而是要告诉利益相关者，这些证据如何支持你的建议。

有多种方法来呈现和可能的干预有关的证据。通常，如果你把证据合乎逻辑地进行细分，会让你的听众更容易领会。例如，根据干预可供选择的理论、实施干预的阶段或者影响实施成功的背景状况来细分证据。举例说明，在发展中国家提供微小贷款涉及：（1）识别和甄选潜在的微小贷款接受者；（2）培训接受资助的人。这两个阶段可能提供了合乎逻辑的方法来细分你的证据，看看是什么使微小贷款项目成功。另一种合乎逻辑的细分成功的微小贷款项目证据的方法可能是：（1）有助于微小贷款项目成功的背景情况（例如，政府管制、地方银行支持）；（2）阻碍微小贷款项目成功的情况（例如营养不良、当地战争）。

表格6.1总结了我们对呈现证据的建议。

表 6.1　在你的改变案例中呈现证据的建议

- 使用真实故事突显问题的代价。
- 使用数字显示问题的普遍性。
- 排除和你的建议无关的证据。
- 使用尽可能少的文字总结证据。
- 清楚识别出乎意料的证据。
- 连接证据和建议。
- 合乎逻辑地细分证据。

呈现可信的政策建议。你的改变案例是围绕你在设计政策建议阶段发展的一系列建议而打造的。为了符合本阶段的标准，这些建议应该尽可能用易懂又可信的方式来呈现。

逻辑上合乎情理的建议将更具可信性。建议的逻辑性取决于你如何论证你的政策问题和干预的理论或因果模型（政策改变轮里面的"How"）。如果这个理论显示出许多人会质疑全球变暖的因果效应，那么你的建议的可信度可能会受到影响——除非你搜集到了可以说服怀疑者的额外证据。

要想用可信的方式呈现建议，需要考虑一个利益相关者可能质疑你的结论的各种不同原因。有些原因可能对你来说容易克服，特别是你对政策研究的调查或汇集进行认真设计的情况下。例如，也许你预见到一个利益相关者会说你使用的某个测量并不能很好地测量一个重要概念，不过如果你已经在你的研究设计中考虑到这一问题，那你就能够克服这种挑战。在你的改变案例中用一个部分来回应这些挑战，总结为何你会对这些证据有信心。不要对这个部分采用防御式的措辞（"也许你认为这个测量不是很好，但是我们的设计考虑了所有你认为可能有问题的方面"）；要使用积极的字眼（"我们使用以下步骤来提升我们对证据的信心"）。让你的证据被其他的研究支持是一个说服有怀疑的利益相关者的好方法。

如果你能预见到有些利益相关者，无论你多么好地回应质疑，他们也还是不相信你的证据，那么你就可以指出你的证据被该领域的其他研究所支持。

把证据和一些听众的个人经历连接起来。例如，一些政策研究发现，睡眠剥夺导致医学生和实习生出现诊断失误。如果你试图说服一些医生降低他们自己的睡眠剥夺，他们可能不会被来自医学院学生和实习生的证据所说服。尝试去找一些特别关注医生们睡眠剥夺的证据反而更有说服力。

当证据和建议之间的连接非常清晰时，建议的可信性将会提升。图示在诸如因果模型这类连接的清晰方面很有帮助。例如，理查德·弗洛里达（Richard Florida，2005）的政策研究"世界像钉子"，在世界地图上使用钉子来描述人口密度：钉子越多，人口越密集。观众可以看到一个动画，描绘钉子在都市区域聚焦。这个图很直观地表达了解决都市区域问题的重要性。

呈现易懂的政策建议。以下建议有助于用易懂的方式呈现你的建议。

第一，对建议进行排序。你应该首先解释最通用、最复杂和最重要的建议。然后，再呈现更加综合的建议所需要的额外建议。

第二，用合乎逻辑的方式解释建议。例如，使用政策改变轮的逻辑来解释，会使建议更易懂。如果你建议都市农民采用一种新的农业技术，你可能先要解释这个干预是什么（"What"）以及这个干预不是什么（"What Not"），他们将会从干预中获得的成果（"Why"），对干预如何运行的解释（"How"），实施该干预涉及的风险（"Why Not"），以及你计划实施干预的具体方法（"Who and Where"）。让你的听众指导你提供政策改变轮上的辐条的细节。被要求采用新农业技术的都市农民可能希望知道更多的有关干预的"为什么""什么"和"谁和哪"方面的细节。而对城市的立法者们来说，干预中的"什么""谁和哪"可能没有"为什么"和"为什么不"那么重要。

可以考虑创建一个标示来让你的信息更易懂。如果你的信息是需要采取步骤来治理城市衰败（Florida，2005），一个在主要城市加上钉子的世界地图是一个很好的视觉图像。非营利组织"看不见的孩子"（Invisible Children）使用一个绝妙的佩枪儿童的简单图像来象征必须停止使用儿童士兵。

要确保你的建议满足了你的听众的基本认知需要。你的听众想要确切地知道，对他们来说，你的呈现意味着什么。为了做到这些，可以采用表 6.2 给出的建议。

总结：让你的建议易懂并可信。要设身处地地从听众角度着想。在一种称为镜像的技术中，杰出的传播者学习他们的听众常用的语言、姿势、掌故和例子，并在呈现他们自己的信息的时候，使用这些术语、姿势等。汽车销售助理被训练得可以在展览室快速估量你（你有孩子吗？你的车是工作用途吗？你现在开什么车？），然后，用他们的信息为你量体裁衣。如果你有孩子，销售助理可能会强调儿童安全锁和儿童座椅空间。如果你有同一种车的老款，销售助理会强调新版本的改进之处。如果你"用手说话"，销售助理也许会同样如此。

研究表明，人们喜欢和他们相像的人，所以，努力让你自己和听众相似有助于提升你的可信性。但是也有一些限制！如果你真的和你的听众不同，过多地使用镜像技术，可能会显得不真诚，进而影响你的可信性。

表 6.2　满足听众需求的建议

> - 要具体，使用例子和掌故让观点更个人化、更清晰。
> - 清楚自己希望从听众那里获得什么（对建议的支持、反馈、理解）。
> - 先呈现你的循证建议，再呈现证据。
> - 避免使用行业术语。
> - 对不同选项进行比较，而非只呈现一种选择。
> - 清晰呈现你的研究的局限。
> - 使用章节标题传递你的信息。例如，不要使用模糊的描述性标题（例如，家长出席模式），要总结你的发现（例如，很少家长出席家长教师协会的会议）。

> - 永远不要使用可能会让你的听众感觉自己无知的专用语言，
>   而且，永远不要贬低你的听众（"我知道你可能觉得理解起来
>   有困难"或者"让我说得简单点"）。
> - 用图示来形象化地、简明地传递你的信息。

有时候，你可能发现很难找到你和听众共同的经历。如果你只在大城市生活过，而现在跟一些农夫谈话，你可能会发现，强调你欣赏辛勤劳动的价值及对土地的关心，这些可能是有用的。但是你不能过分地强调相似性，这样会让你的可信性受到扭曲。不管你做什么，不要仅仅因为想给听众讲他们想听的就改变你的建议。我们的建议是，帮助你的听众去听你确实想讲的。

表 6.3 总结了我们对撰写你的初步改变案例的建议。

表 6.3　活动 6.3 的建议总结：初步撰写你的改变案例

> - 将建议按照最广泛、最综合、最重要、最详细进行排序。
> - 让证据和建议之间的联系透明清晰。
> - 使用图示来呈现支持建议的证据。
> - 使用积极的措辞论证为何你相信证据的可信性。
> - 将证据和听众的个人经历相联系。
> - 使用政策改变轮来解释建议。
> - 关于建议的详细程度要依据听众的基本情况而定。
> - 确保你的演示满足对方的认知需求（运用例子陈述你想说的，
>   不要贬低对方）。
> - 尽可能用镜像方法对待你的听众，或者尽可能地建立和听众
>   的相似性。

活动 6.2：和利益相关者交流并向他们学习

当你试图传播你的循证建议时，你应该采用学习的模式，而非推销的模式。当你想说服你的听众听从你的建议时，你就在用推销的模式。这样有什么错吗？毕竟你比他们花费了更多的时间去思考这个政策问题，不是吗？错了！即使他们没有去做系统的政策研究，

但他们在你的政策研究轮上的每一根辐条都有自己的观点。想知道这些观点是什么，你需要一种学习模式。

在政策研究过程的这一阶段，你还有很多东西要学。你需要知道你建议的干预如果被采纳的话，可能会遇到什么障碍。例如，你可能需要知道，干预需要避开一年中的某些时段，例如在实施农业干预的时候，需要避开某个节日，因为届时会有特定的说法或逻辑依据使受众疏远该干预；或者受众缺乏该干预所需的一些资源，例如丰富的水资源。

你还需要学习那些能让你建议的干预成功的方法。有一些农民曾经在过去成功地尝试了新的实践，他们还会乐意尝试你的干预吗？农民们尝试过和你的干预近似的东西吗？如果有，发生了什么？会有一些额外的理由让农民支持你的项目实施吗？有一些特定的时间、特定类型的庄稼或地点，可以更好地用来试点你的想法吗？例如，通过与听众交谈，你学到了每个农民都是单独地决定什么时候种植、如何种植、种植什么以及如何培育播种。这些信息会告诉你，在实施干预的过程中，必须考虑到对象的差异性。

你还需要学习理解你的听众对你的陈述的反应。他们看起来理解了你想传递的信息了吗？他们表现得投入吗？他们意识到对他们个人的重要性了吗？他们自愿帮忙了吗？他们又对你早就回应过的问题提问了吗？为提高你的陈述的易懂性，有什么事情是你可以做的吗？如果你的陈述不能让听众投入（例如，他们不问问题，不感兴趣），那你有责任让你的陈述变得更能吸引人。

你如何才能做到这些呢？与其做一个教室类型的使用投影的陈述，你也许不如做出一个新的农业实践的模型。与其使用干巴巴的统计数字，你也许不如使用图形和掌故来说明你的证据。与其你一直讲，不如邀请几位听众来描述他们在使用旧的农业方法时经历的问题。吸引听众的方法很多。

如果你不能吸引听众，那你很可能遇到了问题。你若不能知道听众对干预的真实感受，你就可能带着每个人都同意你这一错误的印象离开，而实际上他们只是保留了自己不同意的态度没讲出来。进一步，你不会知道为何他们不同意你的建议。人们不同意可能因为他们不理解，因为他们理解错误，或因为他们理解得很好但是认为你是错的。为了完善你的改变案例，你需要了解当人们不同意你的时候，他们为什么不同意你。最后，你没有吸引你的听众，也有可能是因为他们认为你并不真的在意他们的感受。通过花额外的时间弄清楚如何吸引他们，你也展示了你有多么重视他们的意见。

　　时间久了，你会不得不对许多不同的听众分享你的政策建议。每个听众可能需要用不同的方式听取你的信息。当一个运行良好的公司的管理层发展新的策略时，他们会花很多时间"在路上"——和员工、客户及供应商讨论新的策略，以及如何实现新策略。在公司总部的人，和在印度的制造设施的人、在爱尔兰的研发实验室工作的人相比，可能有不同的意见和担心。当管理者探访并和利益相关者交谈的时候，会记录下人们的评论、问题和担心。每次呈现时，他们可能会修改（调整）陈述，以使陈述越来越强有力。你也可以这样做。每当你做完一次呈现，请思考你学到了什么，以及下次你需要怎样改变。表 6.4 总结了我们在和利益相关者交谈并向之学习方面给出的建议。

表 6.4　和利益相关者交谈并向之学习的建议

> - 让你陈述的建议吸引利益相关者。
> - 从每次陈述中学习干预可能的障碍和推动者。
> - 通过每次陈述学习如何提升陈述的吸引力及让利益相关者投入更多。

活动 6.3：保持信息可见

　　政策制定者和其他利益相关者是非常忙的人。因此他们可能某天从你这里学到了一些东西，隔一天又忘记了。你需要保持你的存在感。市场营销公司通过多点接触的方法保持消费者对他们所传播信息的印象：通过不同的媒体或渠道重复传播。

你也可以使用类似的方法。一个接触点可以是一个描述你的循证建议的长篇书面文件（一个白皮书）。另一个接触点可以是干预的物质模型或模拟物；一页纸的信息表；电子邮件、文本、博客或微博、推特（Twitter）；像 YouTube 网站上的帖子那样推送剪辑视频；网站——既包括社交网络平台（例如，Facebook），又包括低成本服务器服务（例如，Google）；亲自陈述；虚拟陈述（例如，使用像 Webex 这样的工具）；幻灯片（非实时的可供下载和回顾的陈述资料）；小组讨论（通过现场或网络）。有很多接触点可供选择。

一般的经验法则是使用尽可能多的接触点。如果可能，把细节详细的附录放在网站上，让你的演讲简洁。如果人们去寻找附录，你就有了第二个接触点！如果你的听众习惯用网络，使用脸书（Facebook）这样的社交网络网站将会有巨大的影响力。如果你的目标听众不能接入网络或者不爱阅读，你需要类似物质模型或视频这样的视觉接触点。但是，对于那些偏爱通过书面报告获取信息的听众来说，开发这些材料可能也会给这些人带来额外的接触点。

你可以运用使接触点之间互相补充的方式来增加接触点。你可以使用微博客来发表关于你的建议的新信息"电报"，并提供一个可以获取更多信息的网络链接。你可以使用社交网络工具来弄清楚你有多少支持者以及他们都是谁。允许人们对你的博客进行评论能帮你获得更好的反馈。如果你创意多多，可以考虑交互式讲述故事，鼓励人们一起完成一个关于你的干预会产生什么结果的故事。

联合国儿童基金会（UNICEF）使用很多接触点来提高人们对全世界范围提升妇女儿童健康保护和教育项目的意识和支持。作为社交媒体的重要用户，联合国儿基会在 YouTube、Flickr 和 Scribd 上开设频道，并在脸书、MySpace 和推特上开户。联合国儿童基金会有自己的电视台、广播、播客、视频播客频道。他们拥有包括英语、西班牙语、法语和阿拉伯语在内的多种语言的接触点。一个特别的活动接触点是他们雇用摄影家拍摄诸如"赞比亚儿童艾滋病"这样高度敏感主题的照片。联合国儿童基金会还把研究发现转为包含图表和图形这类易被理解的文件。所有这些接触点帮助国际社会持续了解儿童基金会正在做什么，并对该组织建立情感联系。

政策制定者通常同时面临很多政策问题，所以很难吸引他们的注意力。保持你的接触点和对方的决策时间表同步就非常重要——例如，每半年一次的评审拨款申请书和颁奖过程。如果你在错误的时间提供你的循证建议，这些建议很可能被忽视或被遗忘。你应该重视获知决策项目的时间安排。向决策制定者的职员了解他们现在正关注什么，以及是否有倡导团体在某议题上活跃工作。

表 6.5 总结了我们关于如何保持你的信息的"存在感"的建议。

表 6.5　对保持存在感的建议

- 使用包括网站和社交媒体工具的多重接触点来保持你的议题和建议出现在政策制定者面前。
- 保持你的基本信息简洁，使用链接提供细节。
- 了解对你的政策问题重要的关键决策何时可能制定的时间进程和节点。

活动 6.4：保持压力

政策制定一直被认为是一个混沌的活动。选民转移了注意力，就会拖动政策制定者的注意力和他们一起转移。政策制定者被迫用不完美的信息来做决策。政策制定者必须考虑资助他们参与选举竞争的那些群体的立场，认识到反对这些群体所可能承担的巨大的人脉成本。政策可能成为与不相干事务妥协的抵押品。

当你不能为他们的竞选运动提供资助，不代表一个有力的选区，而且你的政策问题也不是眼下最紧要的诉求的时候，你如何运用你的政策研究发现催化决策制定呢？答案是：利用你所拥有的资源。而你拥有的一个主要资源就是你对政策问题的专注。当政策制定者的注意力变来变去的时候，你则一直追踪着这一问题，你知道议题被提起，你已经观察到利益相关者之间的变动，你也意识到了干预的机会。你对政策问题的毫不动摇的聚焦有助于让政策制定者保持在你的进程中。

另一个资源是你关于利益相关者的知识（通过你的利益相关者分析），这通过你设计建议的方式得以反映。通过寻找共同点，你向政策制定者展示如何达成共识。

另一个资源是你的证据。你对自己的证据的理解越深入，你就越能有信心判断证据是否支持通过促成共识的方式改变建议。事实上，你也许可以提供证据去支持两个不同的替代方案，这让你的指导对政策制定者们非常有用。

你可能还有一个额外的资源，这取决于你如何管理你的接触点：即通过你的接触点所获取的公众的集体智慧。简单创造接触点并不足够；它们还必须保持新鲜并在需要的时候成为你的证据来源。这意味着你和你的支持者必须找到能保持你的政策研究和建议对政策制定者来说印象深刻的方法。如果你只是简单地让政策制定者看一个网站或电邮或一页信息表，而且包含的信息都是他们已经看过的，那么你会被政策制定者给忽视掉的。

保持接触点新鲜的一个方法是，让那些受政策问题折磨的人对他们的处境提供不断更新的讯息。卡特里娜维基（KatrinaWiki）通过贴出在悲剧发生几周后的寻亲信息，使无家可归的新奥尔良居民的困境在公众视线中得以保留。保持接触点新鲜的另一个方法是，持续分析你的政策研究数据，并放出更多的结论（通过电子邮件、简短备忘录或微博）。与写另一个报告相比，保持对话开放和活跃能向政策制定者发出更有力的信号——人们关注这个问题。你还可以通过聚集和链接你的政策问题领域中其他有声望的政策研究者的成果来保持接触点新鲜。你可以在聚集多个来源的政策研究网站上发现很多问题。例如，美国环境保护局（EPA）的功能就是聚集许多政策问题，包括禽流感和酸雨等。

最终的资源是你的关于政策改变轮的知识，它能帮你教育其他人了解政策问题的性质和潜在解决方案。当你的听众不能按照你的思路理解政策问题的时候，教育就很有必要。听众可能根本没有意识到问题的存在。例如，虽然联合国的政府间气候变化专门委员会（IPCC）从数量巨大的证据中得出结论，人类要为全球变暖负主要责任（IPCC，2012），但还是有科学家通过华尔街日报社论（"不需要为全球变暖恐慌"，2012）发声表示对 IPCC 的证据和结论都不同意。作为回应，另一位科学家写文章来教育公众"为什么质疑全球变暖是错误的"（Nordhaus，2012）。

即使听众接受问题是存在的，他们也未必认同政策问题的严重性，例如马尔代夫群岛的潜在洪灾。听众也可能不相信某个政策问题会带来你提出的损害，就像北极海冰融化问题。最后，听众可能会争辩说，解决政策问题的成本可能会超出问题本身带来的成本——一个这样的争论导致美国没能签署国际全球变暖公约。

当你的听众因为不像你一样了解问题而不肯投入时，就需要开展教育。而成功的教育只可能由人们信任——被未参与的利益相关者信任——的可信教育者带来。因为你早已认为存在着问题，你对这些听众来说，肯定不是一个可信的教育者。相反，你需要征求那些对听众来讲可信的人（例如，宗教领袖、当地社区领袖、政党领袖、早先的坦率批评者）的帮助。你需要识别潜在的可能改变他们主意的可信赖教育者。这样一个人应该既和需要被教育的人有个人化的联系（例如，亲戚关系、共享爱好和运动），又有近期的相关个人经历（例如，到马尔代夫或北极旅行过）。发现可信的教育者并向他们提供你的证据，会是政策改变的一个有力资源。

总的来说，对政策制定者施加压力意味着不要让反对者阻碍你的步伐。保持压力意味着使用你所有的资源来鼓励改变，即使政策制定者抵制改变。表 6.6 总结了为保持对政策制定者的压力你所需要的资源。

表 6.6 保持对政策制定者压力的可得资源

> • 利用你对政策问题的兴趣和激情来跟进趋势、议题以及利益相关者之间的变动。
> • 通过你的利益相关者分析,向政策制定者提供达成共识的可能性。
> • 当你的证据支持你推荐的政策选项时,提供对政策选项的修订。
> • 分批次不断发出你的结论,以保证政策问题和可能的干预出现在政策制定者面前。
> • 对政策问题保持对话。
> • 对利益相关者进行有关政策问题和可能干预措施的综合性教育。
> • 寻求那些在政策问题和可能干预措施方面拥有可靠信息的人们的帮助。

交付成果

在这一政策研究阶段,有三种交付成果:(1)一个有说服力的改变案例;(2)关于沟通和参与的计划;(3)利益相关者对改变的承诺。

交付成果 6.1:一个有说服力的改变案例

改变案例作为交付成果可以有多重形式。在商业中投影演示比较常见。许多利益相关者期待一个长篇的书面报告,外加一个 2～3 页的包含建议的执行摘要。表 6.7 展示了一个有说服力的改变案例的提纲。

表 6.7 一个有说服力的改变案例的报告提纲

> Ⅰ. 标题页
> ——标题传递政策问题和总的干预建议
> ——作者和咨询团体
> —— 图标
> Ⅱ. 1～2 页的执行总结
> ——对政策建议和理论根据的总结

Ⅲ . 标题页 (重复)
Ⅳ . 政策问题
　　——基本案例 (问题重要性的证据)
Ⅴ . 建议
　　—— 最总括的建议和支持这一建议的证据
　　——下一个最总括的建议和证据
　　——其他建议
Ⅵ . 附录之相关证据
Ⅶ . 附录之政策研究方法

交付成果 6.2： 关于沟通和参与的计划

这个章节描述了很多吸引利益相关者的活动。在交付成果 6.2 中，你做一个实施上述活动的计划。这个计划被称为沟通计划，因为涉及与利益相关者沟通。这个计划不仅仅包含沟通，还包含参与投入，我们也叫它参与投入计划。这个交付成果是典型的 1 ~ 2 页的备忘录，通常包含以下元素：

• 计划的目标。澄清你在扩大利益相关者参与阶段希望达成的目的。你是希望改变利益相关者的态度、行为，还是只想得到他们的建议？

• 关键目标利益相关者。在这些活动中，谁是你的目标？这些利益相关者都是你的听众。你的听众可能包括许多不同的利益相关者群体，每个群体可能需要单独的计划。

• 你听众中的利益相关者群体的背景资料。简要描述利益相关者群体的核心价值观，他们从哪里获取信息，哪种类型的信息对他们来说更可信。

• 利益相关者群体关键信息矩阵表。对于每个利益相关者群体，记下你将提供的关键信息。对于立法者，你的信息应该聚焦于降低成本；对服务接受者，你的信息应该聚焦于提升生活品质。

•利益相关者群体关键传播渠道矩阵表。对你来说，可以运用的传播渠道可能包括在超市、购物中心和社区中心演讲；在员工会议上分发材料；对决策者做执行情况汇报或召开非正式会议；广播谈话节目；电子邮件列表分发；利用网站、报纸、博客和微博发布信息。不同的利益相关者通过不同方式获取信息，你的传播渠道要和他们的偏好匹配。

•可能的伙伴。识别出谁可能在这个吸引投入的过程中给予你帮助，例如感兴趣的顾问、非营利组织或志愿者实习生。

•时间表。决定哪些利益相关者群体最先通过什么渠道接触，然后将其他利益相关者群体按时间排序。

一旦你有了自己的计划，你就需要执行计划。每次吸引投入行动完成后，要反思行动的走向，如有必要，修订你的计划。

交付成果 6.3：利益相关者对改变的承诺

期待你的政策研究总是能让政策制定者下定决心采取你推荐的行动是不现实的。但是，你的政策研究仍然可以产生重要的影响，哪怕方式不那么重大。例如，你的研究说服了决策制定者公开倡导需要改变（未必一定承诺某个具体的改变）。更进一步的是，说服政策制定者听取各种不同的干预在其他地方是如何发挥作用的证据情况。再进一步，说服对方对这个政策领域投入资源，例如获取新的证据或实施一个该干预的试点。即使政策制定者没有完全同意你推荐的行动过程，你仍可以成功地增加他们对政策改变的承诺。

本章描述的活动旨在帮助你提升政策制定者和其他利益相关者对改变的承诺。通过撰写一个易懂、可信且有说服力的改变案例，你能增加利益相关者的理解和信任，从而促成他们的承诺。通过在呈现自己建议的时候向利益相关者学习，你可以修订自己的建议，更贴近他们的需求，进而促成他们的承诺。注意保持你对政策研究问题的存在感，当时机成熟的时候你才好出击。通过保持压力，你能吸引利益相关者们投入到带来改变的过程中。

结论

如果你想改变政策，你必须努力通过多重的接触点让你的证据为人所知，向你的听众学习，并根据他们的需求修改你的建议——通过让你的改变案例"在路上"来实现这些。你可以通过四处探访、与利益相关者会面和交谈来做到这一点，你还可以通过把他人的研究和经验汇总起来，来完成这一工作。你也可以通过网站、YouTube 视频和博客发布你的政策问题和你的证据来进行这一工作。无论是哪一种，让你的改变案例"在路上"，能够在教育他人的同时也教育你自己。这将帮助你填补政策改变轮的辐条、干预的阻碍和促进者方面的知识空缺。这还将给你带来做下一个政策研究项目的新思路。你还会因此接触到新的伙伴和顾问。最后，这将带给你乐观和希望，因为还有别的人同样关心你所关心的。

练 习

1. 选择一个你感兴趣的政策问题，例如医疗改革、移民等。找到一个权威群体为解决该问题而做的近期干预声明。这声明里面的改变案例是易懂且可信的吗？论证你的答案。

2. 列出上述政策改变的三个最强的反对意见。对这些意见逐条进行辩论。你能想出一个修改政策建议以容纳这些反对意见，而且还能达成政策改变目标的方法吗？

3. 撰写一个（或多个）比这个声明更有说服力的改变案例。

4. 做一个沟通和参与计划：你需要吸引哪些利益相关者群体，你将如何分别吸引他们？

思考笔记

第 7 章

反思政策研究航程

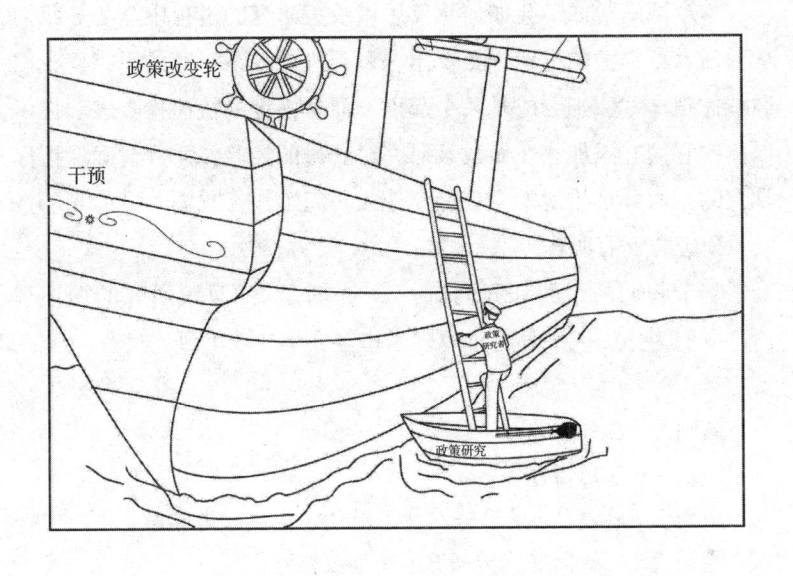

概要

政策研究通过把**证据**——经过严谨的程序和认真的分析获取的事实，以及**意义**——即有关什么是重要的价值观、意见和信念，结合在一起，来帮助人们采取负责任的行动改善我们的世界。政策研究不是确切精确的科学，不能被缩减为系统的程序。政策研究的科学成分和艺术成分一样多，做好政策研究需要实践的磨炼。为了发展我们的技巧，我们必须回看我们做过的研究，反思哪些是有效的，哪些是无效的，并将我们所学到的知识应用于未来的研究项目。

当你在某个特定的政策研究领域获得经验后，你将学到更多关于问题、问题的后果、可能的解决方案，以及问题为什么会发生、如何发生、解决方案为什么和如何见效的知识。但是，更重要的是，通过对自己经历的反思，你将了解成功进行政策研究的过程。这种学习不仅会提升你对一个政策领域和情景的理解，它还将会帮助你把你的技能应用到其他的问题和情景中。

本章试图帮你学会如何从反思做政策研究的过程中学习。我们从前面六章描述的过程中提炼出一系列进行政策研究的原则。我们邀请你把这些原则看成是一个起点，而非固定的快速检查表。你可以修改它们并添加你在做政策研究时获得的经验，而且请确保把你学到的东西分享给他人。只有和他人一起工作，我们才可能真的在政策研究方面有所作为。

基于我们的经验和我们对什么带来成功的政策研究的循证理论，我们为你提供一套起点原则来指导你学习政策研究过程。

原则 1：有创造性
原则 2：要负责任
原则 3：反复（如果第一次你不成功，尝试，再尝试！）
原则 4：不要倡导，要教育（并且被教育）
原则 5：知道何时保持；知道何时离开
原则 6：培养学习的能力
原则 7：向他人传递你的政策知识

让我们简要考虑每条原则。

原则 1：有创造性

在改变世界的道路上，如果你只是遵循公式，那你就走不远。在前面六章，我们讨论了有效的政策研究要求创造性的多种方式。包括下列六种：

• 界定（和精炼）政策研究问题方面的创造性。在这方面需要创造性是因为别人给你提出的研究问题可能不够宽泛到足以让你预见新的解决方案。同时，你需要创造性来帮助你保持调查的范围既足够大又有具体界限，以便能让你找到令利益相关者满意的答案，因为你已经解决了对他们来说最重要的问题。创造性被需要还因为永远也没有足够的时间或金钱来平衡在重要的政策问题上的许多不同观点。

•分析政策研究问题和潜在干预方面的创造性。在这方面需要创造性是因为人们很容易聚焦于现状带来的危害却忽视了干预可能带来的损害。创造性被需要还因为，当你对一个问题了解得更多时，你构造的关于问题为何发生、如何解决问题的因果模型也会发生变化。创造性被需要还因为在别的地方有效的解决方案，在你的特定背景的 STORM 情况下可能会无效。

•合成现有证据方面的创造性。在这方面需要创造性是因为证据可能是不完整和脆弱的。你可能需要对证据的碎片进行合成。创造性被需要还因为你需要知道对自己拥有的证据以及对证据合成的信心有多少。

•设计搜集新证据方面的创造性。在这方面需要创造性是因为你可能无法通过分析存储在现有档案中的二手数据找到问题的答案。你可能需要对人们进行访谈或调查、做质性个案研究，甚至开展准实验。创造性被需要还因为要用既可以产生有用的答案，又要最小化别人质疑你的新证据支持力不足的方法去设计这些研究。

•设计或实施备选干预方面的创造性。在设计干预时需要创造性的原因太多。也许是因为在一些干预的有效性和副作用（例如，深海碳封存）方面尚没有有力的证据。或者对一个普遍有效的干预如何在你的情景下生效一无所知。你的政策问题情景的一些方面如此特别，因此需要传递干预的新方法。一个解决方案如何以及为什么起作用，可能直到你试用该方案之前都是模糊的。当开始干预之后，细节决定成败，在做优化改变的时候更是如此。

• 发展有说服力的改变案例方面的创造性。好的想法永远不足以改变世界。人们需要动机和理由去进行改变。发现（有效的！）论证来回应不同的听众并不容易，而且没有可以遵循的公式。

从你读过的前六章那里，你也许会识别出政策研究过程中需要创造性的另外的原因。你能说出一到两个吗？

原则 2： 要负责任

一个同样重要的原则是要负责任。我们可以确立一系列方式，在这些方式中，责任对于成功的政策研究至关重要。也许你可以识别出更多方式！

• 政策问题界定时的责任心。这方面需要责任心可能是因为其他人为你界定政策问题时，会排除一些对于成功改变十分重要的STORM 状况或干预。显然，你承担不起忽视他人定义问题或解决问题的方式所带来的影响。如果你这样做了，你可能无法在下一次政策"战斗"中幸免于难。同时，你的首要承诺应该是解决政策问题，而忽视证据则无法实现你的目的。（为了管理你和利益相关者的关系，责任心也需要创造性！）

• 使用现有证据时的责任心。如果你只使用那些支持你观点的证据，或者你未能公开关于你所赞成的干预的副作用的证据，那么，你可能赢得了一场战斗，却输掉了一场战争。

• 收集新证据时的责任心。你需要保护你的研究对象免于被伤害，这些伤害可能是身体或精神的不良反应，或者是隐私被暴露，这些都可能在你的研究过程中发生。不要分享任何你从保密来源获取的信息，因为不恰当地分享知识可能毁掉将来你从别的信息渠道获取信息的能力。

• 评估备选干预或实施备选干预时的责任心。责任心在这里意味着用同样的标准评估备选干预，并且对干预的风险（"Why Not"为什么不）和收益平等考虑。

• 与利益相关者的沟通和接触时的责任心。当你对特定的利益相关者群体定制你的改变案例时，你是告诉他们你认为他们想听的，还是他们真正需要知道的？例如，你是否告诉他们，政策改变后的将来，他们现在的福利也许不能完全被补偿？

这里有一个为你准备的练习：说出最少两个在有效的政策研究里需要责任心的方面。

原则 3：反复（如果第一次你不成功，尝试，再尝试！）

也许你觉得原则 3 只是对"原则 1：有创造性"的扩展。但是和获得洞见的灵光一闪相比，反复通常更意味着努力工作和顽强坚持。"反复"，是因为政策研究过程中各部分的有效性都和它有关。

• 定义政策研究问题时需要反复。有人给你一个政策研究问题，这个问题很可能并不是你最希望回答的问题，如果你想使你的政策研究能够发挥作用，就要反复。纵观全书，我们强调了，随着你对问题、对政策问题的 STORM 背景状况、干预，以及干预的成本、收益和风险有了越来越多的了解，反复修订你的问题有多重要。

• 发现和合成现有证据时的反复。当你熟悉了一个政策领域，你会遇到一些当时没有深入探索的证据。过后，当你加深了自己对政策问题和干预的知识以后，你会返回到这些证据资源。这个学习过程需要持续进行，因为在政策研究过程的任何时间点，你都可能偶遇现存的证据。

• 获取新证据，尤其是在准实验和试点性实施中的反复。假设现在你知道了在东京的实践如何在亚拉巴马农村的实践中发挥作用。那么，为了在美国南部各州全范围实施你的干预，你已经了解了所有你应该知道的事情吗？可能还没有。为了避免失败和减少非预期的后果出现的风险，你可能需要反复多次搜集新证据。

你认为在有效的政策研究中，还有哪些别的领域也需要应用反复原则呢？

原则 4：不要倡导，要教育（并且被教育）

我们乐意承认，倡导在改变世界方面发挥了作用。很多人选择了这个路径，而且倡导在创造改变方面有时候非常有效。但是倡导并非政策研究者选择的路径。

政策研究是连接证据（即系统提取的事实）和意义（即单纯倡导某种价值观、意见、信念）的桥梁。政策研究者需要发展和维持他们直率谈话的声誉。他们需要忠于事实，并公证地评估事实如何与利益相关者的意义相符合。一个票券项目（由某个利益相关者团体提出）可能会降低政府对该类项目的总支出。但是它也许会让一些弱势群体（少数族裔、老年人）得不到一些福利（教育、健康照顾等）。作为政策研究者而非倡导者，你有责任报告这个改变的公平合理性。

倡导则没有这样的责任。任何事都可以倡导。但是政策研究者需要公平处事，不然他们将会失去可信性。政策研究是极端化社会的理性之声。政策研究者有责任用他所了解的知识去教育世人，这些知识都基于证据，并说明了这些证据对各种利益相关者意味着什么。

这个原则的另一个方面是，政策研究者也有责任被利益相关者教育。在好的政策研究者那里，容不得心灵封闭。你必须一直愿意承认你是会犯错误的，而且你会愿意基于新的可得证据而修订建议。是的，如果你为一个倡导组织工作，遵循这个原则会让你的职业生涯受限。但我们相信，如果你希望通过自己的政策研究发挥作用，你就需要一个开放的心态。

与所有有关的利益相关者直接接触是我们所知道的拥有并保持开放心态的最好方法。我们知道这并不是一条容易的道路。我们一起工作和为之服务的政策制定者，可能有很强的个人见解并对我们有相当大的影响。那些我们希望帮助改善的弱势利益相关者也可能不会欢迎我们所有的发现和建议。但是通过尝试教育别人并允许我们自己被别人教育，我们才有可能成为利益相关者的新同盟，并达成一个可能以前曾被抵制过的新干预，来尝试解决关键的社会问题。这也是有效的政策研究可以让世界变得更美好的地方。

原则 5：知道何时保持；知道何时离开

这个原则来自美国的一首关于赌博的民谣。基本的意思是赌徒需要知道什么时候留下以及什么时候应该离开（为了保住他们的收益）。我们不赌博，但是我们相信这个基本原则也适用于政策研究者。我们需要知道什么时候坚持我们的原则，什么时候需要改变我们的态度，以带来更好的改变。

政策研究者必须在研究议题上持有自己的立场。例如，你可能对自己在美国失业问题方面的知识有信心。你相信（基于你的证据和分析）对这个问题的最佳解决方案是美国企业停止海外外包。这不太可能是一个流行的建议！更为实际的，但同时也与你对这个问题的原因分析和解决方案的理论相一致的，可以是建议对雇用美国工人的企业提供税收激励。

我们相信政策研究者应该务实而且愿意接受退而求其次的选择，只要这样做可以带来好转。你也应该如此，愿意接受在你的研究和建议范围内的退而求其次。例如，谈到问题的范围，也许你没有时间和资源来回答为什么城市青年变成毒贩这一问题，然而，你可以弄懂能让城市青年拒绝毒品贩卖并通过合法途径谋生的一些干预。这对政策知识是巨大的贡献，你应该为自己的成就而高兴，虽然成就有限。类似的，你可能学到了确保城市青年远离毒品贩卖的第一步是向他们提供一定水平的可靠收入。但是你还应该理解，一个政治上更容易被接受的干预是对城市青年提供休闲设施和工作训练项目。接受一个比你认为的最佳方案差一点的次优方案并不是错，次优方案也是在往正确的方向前进。当干预有效性的证据还在积累时，建议一个中间的解决方案可以帮助决策制定者和公众拥抱未来的更多变化。

退而求其次，在这种意义上，并不意味着对利益相关者的屈服。相反，这意味着懂得了小胜可以积累为大胜。如果你呈现出一个宏大的解决方案，一些利益相关者可能抵制所有的变化。有时候，最负责任的行动进程是推荐一个这样的干预——比真正解决问题需要的要小些，但是被接受的可能性更高些，并会带来一些积极效果。

原则 6：培养学习的能力

政策研究涉及多个学习环。第一个学习环来自你查询资料时收到的即时反馈，这些资料来源包括：文献、专家和其他利益相关者。通过向每个来源学习，你对政策问题和可能的解决方案会有更多了解。你先记下关于政策问题改变轮的笔记，当你发现新的证据资源后，就把笔记擦掉，加上可以帮助你整合以前的知识和新获得知识的更多信息。当你实施一个严格设计的研究来获取新的证据时（如在第4章讲的那样），你基于参与者对问题或实验的反应开展新的学习，并对研究设计进行调整。

这个即时反馈环在整个政策研究过程都应该持续。在政策研究航程的每个阶段，学习的焦点有所改变，所以不要错误地认为后期会比前期学习得少。在启动阶段，你的重点是熟悉政策问题、可能的解决方案和证据来源。在合成现有证据阶段，你的重点是了解已知和未知的问题及其解决方案。在获取新证据阶段，你的重点是学习研究参与者和他们对你的问题和试点性干预的反应。在设计政策建议阶段，你的重点是学习提出能够被你的政策情景接受且能实际解决问题的政策建议。在扩展利益相关者参与阶段，你的重点是学习回应利益相关者的信息。这些学习是即时的，又是持续的。

第二个学习循环发生在每个政策研究阶段的结尾，来自你对收到的研究交付成果反馈的反思。政策研究中的每一阶段的文件一般都被三方审阅：你的客户、你的目标政策制定者和你的正式 / 非正式的咨询团队。你的客户是让你做这个政策研究工作的人或组织。有时候，你的客户和政策制定者是同一个人或组织。例如，美国国家科学院经常为美国国会做政策研究，在这个例子中，客户和政策制定者是一样的。通常，客户和政策制定者并不相同。例如，政府部门会雇用咨询顾问公司来提供政策建议。在本例中，政府部门是政策制定者，而顾问公司是你的客户。你的顾问是在每个阶段末尾审阅你的交付成果的第三个群体。因为他们既不是你的客户，又不是政策制定者，他们有非常不同的视角。他们可能对你的交付成果有更诚实的批评，并对如何改进文件提出更具体的建议。完成这些步骤后，我们建议你实行事后评估。这是一个经常被学习型组织采用的技术。事后评估一般包含如下问题：

1. 你期待发生什么？
2. 实际上发生了什么？
3. 哪些方面运行良好以及为什么运行良好？
4. 哪些方面可以加以改进以及如何改进？

你应该对你的交付成果本身以及产生交付成果的过程都问一问上述问题。例如你本期望用三天完成启动阶段，结果花了你三个星期。你本来期望从客户那里得到"很棒"的反馈，但结果对方只是表示收到了文件。显然，你所期待的和实际发生的之间存在着差异。像这样的差异会促使你去思考，为什么会发生差异，以及下次你应该采取怎样不同的做法。

也许启动阶段费时太久是因为你未能从客户那里得到足够的指导，或者对现有证据陷入得太深。也有可能是因为你对启动阶段需要多长时间有不现实的期待。你也许能从事后评估中得出结论，你需要在研究的下个阶段更紧密地和客户一道工作，或者在寻找专家支持方面做得更好，以便你在下次启动政策研究时能够更加快捷。

　　最后也是最大的学习环发生在政策研究项目收尾时，通常指的是经验教训评估，这种在项目结尾进行的反思提供了独特的学习机会。在理想状态下，经验教训评估是通过召开一个研究项目的所有政策研究者及客户、政策制定者和顾问出席的会议的方式进行的。经验教训评估提出的问题和事后评估提的问题类似，不过倾向于更加具体。通常，经验教训涉及技术问题，例如政策问题和干预及开展政策研究的过程。

　　你可以根据我们对每个政策研究阶段提供的指导和类似"创造性"和"负责任"这样的跨阶段原则来聚焦你的经验教训评估。你发现什么行动对保持利益相关者长时间投入最有用？你如何知道什么时候需要有创造力的新的解决方案？你如何知道一个特定的干预会被利益相关者接受？你如何仅用几天就略读了所有的文献？你在哪里发现了一位亚洲肺结核问题的专家？记录下你学到的经验，并按照政策研究的阶段来组织这些经验，能够保证你在未来多年持续发展你的技能。

　　有时候，你从你的政策研究工作里真正学到的，并不是你以为你将要学到的。例如，2010 年夏天，丽贝卡·尼米克（Rebecca Niemiec），一个达特茅斯学院的学生，对可持续性发展很感兴趣，和其他 10 位达特茅斯学院的学生一起投入到政策研究工作中，他们研究可持续性发展解决方案，搜集支持可持续发展的证据，开发教育资料来促进可持续性，识别支持和反对可持续性发展的关键政策制定者，然后配备了一辆长途大巴来展示可持续的交通实践，包括太阳能电池板、竹地板、可回收的操作台以及提纯的植物油燃料。他们用 10 个星期在美国到处旅行，分享他们关于可持续发展的知识。

　　2010 年底，在他们的绿色大巴士上，丽贝卡意识到通过他们的可持续之旅，她学到了一些跟她预期不同的东西。她原本期待可以报告有多少人在这 10 周内被她所影响。但事实相反，她反思了她所遇到的人和事情对自己的影响有多大。

　　无论在路上还是回到达特茅斯以后，数不清的人问我，"所以，你觉得你起作用了吗？"经过 11000 英里，34 个州，11 个星期，无数的准备时间，以及 14869 次网站访问，我知道的是……关于这次大巴旅行最美妙的一件事是，它给全国各地的人们发出了一个声音。如此多的人都在为可持续的未来而工作，但是很多人以为他们是独自努力。我们在那里讲述那些故事。我们倾听、内化并分享我们遇到的人的故事，从纽约退休的艺术家们重新使用旧的艺术原料来美化他们的城市，到一位在缅因州森林地带的先生花了 30 年时间来设计一个仅用可重复利用材料制作的游船。我们遇到内地城市的孩子，说服他们的家庭使用可重复使用的水瓶，一个独立工作的城市高中生尝试和创造一个再循环项目，一个爱达荷州的家庭在他们后院生产自己的生物燃料，一对年轻夫妇设计他们自己的"无电网"房子，一个刚毕业的人为连接当地酿酒餐厅和当地都市农场而努力，一个游说者日复一日地和美国政治长期缓慢的过程进行斗争试图通过新能源立法。当我们在全国旅行、写博客、录视频并且对媒体和所有愿意聆听的人们分享我们学到的，所有他们的故事变成了我们的故事。所有的这些故事都需要被讲述，因为他们代表我们的未来。通过这个夏天，这些故事变成了我的一部分，而且我知道，因为这些故事，我对我自己和美国有了更好的理解。我想感谢每一个把他们的故事加进我们故事的人，因为是你带来了改变……我们只是改变的媒介。（Niemiec, 2010）

原则 7：向他人传递你的政策知识

　　有些政策研究者多年只聚焦一个研究问题。然而，更常见的是，政策研究是松散的。职业政策研究者的客户的研究经费有限；政策制定者对特定政策问题可能只有有限的注意力。因而，职业政策研究者有时候会变换自己的研究主题。偶尔客串的政策研究者在完成他们的政策研究后会返回自己的日常工作中去。

当政策研究者转移到别的项目时，他们有责任把自己知道的传递给别人——下游者，那些将会在未来继续参与这个政策问题的人。下游者可能是基于政策研究被激发进行决策或采取行动的人，例如政治家这样的决策者以及资助机构。下游者也可能是实际实施干预的社会组织或商业企业，还可能是公开政策问题并对特定解决方案进行游说的倡导者。

当你把自己的知识传递给下游者时，你不仅应该传递那些记录在档案或交付成果上的明确知识，而且还应该传递你的默会知识——那些难以写下来的知识。

完成一个政策研究项目以后，你有了丰富的默会知识，例如判断哪位顾问对下游者最有帮助，或者对还没有证据支持的新干预的直觉。你应该努力传递这些判断和直觉，而非只传递你最终记录在案的建议和证据。你的默会知识为何对下游者有用？记住这点，无论你的研究如何可靠，你的建议仍然可能在实践中不起作用。这意味着为了达到问题改变的目标，下游者将不得不尝试一些不一样的东西。你认真记录在交付成果中的知识和你非正式分享的默会知识都将帮助下游者们决定下一步尝试什么新东西。

在分享你的默会知识之外，你应该志愿地担当下游者的回音壁，并定期和他们开会以了解进展。通过这种方式，你将能积累关于什么起作用，什么不起作用的新证据，深化你在这个政策领域的知识。如果你在将来某个时候返回到这个政策研究项目，这些知识就会用得上。

结论

反思即学习，你应该为你在政策研究中所完成的事物而感到骄傲，并愿意承认你还有很多需要学习。你应该在学习方面总是维持高标准。对你自己说：每次我做政策研究，我会更好地、更负责地去做。我会更好地吸引利益相关者投入。我会在有意义和可管理之间找到更好的平衡，我会更好地识别 STORM 情景中的可变变量，更好地识别干预的可能风险和有害后果。我将更好地设计政策建议，使建议既能在政治上被接受，又能真正地解决政策问题。我将更好地从我的政策研究经验中学习。

政策研究是给世界带来改变的重要方法。政策研究过程就像大海航行，长途的航行（在政策研究过程的各项活动）不时会被在港口的停靠所打断（政策研究交付成果）。但是，和航海不同，政策研究没有终点，总是有新的政策问题需要解决，新的利益相关者需要吸引，新的方法来合成证据和收集新证据，新的方式用于更有效地传播信息给他人。就是这种不断的更新使政策研究成为令人兴奋的终生追求。

航行愉快！（Bon voyage!）

思考笔记

参考文献

African Medical and Research Foundation. (2006). Malaria prevention and control strategy, 2006–2010. Retrieved from http://www.amref.org/docs/malaria_strategy. pdf.

Anderson, L. M., Shinn, C., Fullilove, M. T., Scrimshaw, S. C., Fielding, J. E., Normand, J., & Carande-Kulis, V. G. (2003). The effectiveness of early childhood development programs: A systematic review. *American Journal of Preventive Medicine*, 24(3S), 32–46.

Anechiarico, F., & Jacobs, J. B. (1995). Purging corruption from public contracting: The "solutions" are now part of the problem. *New York Law School Law Review, 40*, 143.

Bardach, E. (2009). *A practical guide to policy analysis: The eightfold path*. Washington, DC: CQ Press.

Beiser, V. (2011, May–June). Save the poor. Sell to them. *Miller-McCune*, pp. 46–56.

Bornstein, D., & Davis, S. (2010). *Social entrepreneurship: What everyone needs to know*. New York, NY: Oxford University Press.

Bourgois, P. (2002). *In search of respect: Selling crack in El Barrio*. Cambridge, UK: Cambridge University Press.

Braithwaite, J. (1979). Transnational corporations and corruption: Towards some international solutions. *International Journal of the Sociology of Law*, 7, 125–142.

Bristol, N. (2007, October 26). Battling HIV/AIDS: Should more money be spent on prevention? *CQ Researcher*, 17: 889–912. Retrieved from http://library.cqpress. com/cqresearcher/document.php?id=cqresrre2007102600.

Culnan, M. J. (2011). Accountability as the basis for regulating privacy: Can information security regulations inform privacy policy? In *Future of privacy forum, privacy papers for policy makers 2011*. Retrieved from http://www.futureofprivacy. org/the-privacypapers.

Cummins, L. K., Byers, K. V., & Pedrick, L. (2011). Defining policy practice in social work: In *Policy practice for social workers: New strategies for a new era* (Rev. ed.). Boston, MA: Pearson Higher Education.

Drucker, P. F. (1985). *Implementation and entrepreneurship: Practice and principles.* New York, NY: Harper & Row.

Dwyer, T. (2006). Urban water policy: In need of economics. *Agenda, 13*(1), 3–16.

Federal Highway Administration. (2011, May 16). *Impact methodologies: Cost-benefit.* Retrieved from http://www.fhwa.dot.gov/planning/toolbox/costbenefit_forecasting.htm.

Fichman, R. G., & Moses, S. A. (1999). An incremental process for software implementation. *Sloan Management Review, 40*(2), 39–52.

Florida, R. (2005). The world is spiky. *Atlantic Monthly, 296*(3), 48–51.

Hersh, W., Helfand, M., Wallace, J., Kraemer, D., Patterson, P., Shapiro, S., & Greenlick, M. (2002). A systematic review of the efficacy of telemedicine for making diagnostic and management decisions. *Journal of Telemedicine and Telecare, 8*(4), 197–209.

Hoque, B. A., Aziz, K., Hasan, S., & Patwary, M. (1991). Maintaining village water pumps by women volunteers in Bangladesh. *Health Policy and Planning, 6*(2), 176–180.

Intergovernmental Panel on Climate Change. (2012). *Reports.* Retrieved from http://www.ipcc.ch/publications_and_data/publications_and_data_reports.shtml.

Kahn, J. (2010, April 4). Bribe fighter: The strange but true tale of a phony currency, shame, and a grass-roots movement that could go global. *Boston Globe.*

Kahneman, D. (2011). *Thinking, fast and slow.* New York, NY: Macmillan.

Keiser, J, Singer, B. H., & Utzinger, J. (2005). Reducing the burden of malaria in different eco-epidemiological settings with environmental management: A systematic review. *The Lancet, 5*(11), 695–708.

Koretz, D. (1982). Developing useful evaluation: A case history and some practical guidelines. In L. Saxe & D. Koretz (Eds.), *New directions for program evaluation* (No. 14). San Francisco, CA: Jossey-Bass.

Leisinger, K. M. (1998). Multinational corporations, governance deficits, and corruption: Discussing a complex issue from the perspective of business ethics. In H. Lange, A. Löhr, & H. Steinmann (Eds.), *Working across cultures: Ethical perspectives for intercultural management* (pp. 113–139). Boston, MA: Kluwer Academic.

Lengler, C. (2004). Insecticide-treated bed nets and curtains for preventing malaria. *Cochrane Database of Systematic Reviews, 2,* Article Number CD00363.

Lipton, D. (1992). How to maximize utilization of evaluation research by policymakers. *Annals of the American Academy of Political and Social Science, 521,* 175–188.

Lund, J. R., Hanak, E., Fleenor, W. E., Bennett, W. A., Howitt, R. E., Mount, J. F., & Moyle, P. (2010). *Comparing futures for the Sacramento-San Joaquin Delta.* Berkeley: University of California Press.

Luo, Y., Sun, J., & Wang, S. (2011). Emerging economy copycats: Capability, environment, and strategy. *Academy of Management Perspectives, 25*(2), 37–56.

Mair, F., & Whitten, P. (2000). Systematic review of studies of patient satisfaction with telemedicine. *British Journal of Medicine, 320*, 1517–1520.

McBride, R. (2011, May 25). *FDA data analysis reveals adverse drug combo.* Retrieved from http://www.fiercebiotechit.com/story/fda-data-analysis-revealsadverse-drug-combo/2011-07-25

Mukherjee, A. (2008, April 1). Merry-go-round water pump to solve Africa's water problem. *Ecofriend: Green Living.* Retrieved from http://www.ecofriend.com/entry/merri-goround-water-pump-to-solve-africas-water-problem.

Mullins, J., & Komisar, R. (2009). *Getting to plan B: Breaking through to a better business model.* Boston, MA: Harvard Business Press.

Munger, M.C. (2000). *Analyzing policy: choices, conflicts, and practices.* New York, NY: W.W. Norton.

Nagel, S. S. (1984). *Contemporary public policy analysis.* Tuscaloosa: University of Alabama Press.

Niemiec, R. M. (2010, September 22). *Vehicle for change.* Retrieved from http://www.thebiggreenbus.org/blog/?m=201009.

No need to panic about global warming. (2012, January 27). [Editorial]. *Wall Street Journal.* Retrieved from http://online.wsj.com/.

Nordhaus, W. (2012, March 22). Why the global warming skeptics are wrong. *New York Review of Books, LIV*(5), 32–34.

Pawson, R. (2006). *Evidence-based policy: A realist perspective.* London, UK: Sage.

Pearce, F. (2009, March 24). "Wasted" wells fail to solve Africa's water problems. *New Scientist.* Retrieved from http://www.newscientist.com/.

Postel, S. (2001). Growing more food with less water. *Scientific American, 284*(2), 46–51.

Putre, L. (2011, Spring/Summer). Are we finally ready to cut the paper out of doctors' paperwork? *Case.edu Think,* pp. 28–33.

Reij, C. (1991). *Indigenous soil and water conservation in Africa* (Vol. Gatekeeper Series, No. 27). London, UK: International Institute for Environment and Development. Retrieved from http://pubs.iied.org/pdfs/6104IIED.pdf.

Roan, S. (2011, June 13). Pregnant women show an amazing lack of knowledge about childbirth options, study shows. *Los Angeles Times.* Retrieved from http://www.latimes.com/.

Roine, R., Ohinmaa, A., & Hailey, D. (2001). Assessing telemedicine: A systematic review of the literature. *Canadian Medical Association Journal, 165*(6), 763–771.

Sabatier, P. A. (Ed.). (2007). *Theories of the policy process* (2nd ed.). Boulder, CO: Westview.

Shadish, W. R., Cook, T. D., & Campbell, D. T. (2002). *Experimental and quasi-experimental designs for generalized causal inference.* Boston, MA: Houghton Mifflin.

Smith, A. G., & Robbins, A. E. (1982). Structured ethnography: The study of parental involvement. *American Behavioral Scientist, 26*(1), 45–61.

Stapenhurst, F., & Langseth, P. (1997). The role of the public administration in fighting corruption. *International Journal of Public Sector Management, 10*(5), 311–330.

Stone, D. (2012). *Policy paradox: The art of political decision making* (3rd ed.). New York, NY: W.W. Norton.

Thomson Reuters Accelus. (2011). *Anti-bribery and corruption: A special report—An increased burden on senior management.* Retrieved from http://www.anticorruption blog.com/Thomson%20Reuters%20-%20Anti-Bribery%20and%20Corruption %20-%20Special%20Report.pdf.

UNICEF. (2012, February). *The state of the world's children 2012: Executive summary.* Retrieved from http://www.unicef.org/publications/files/SOWC_2012-Executive_ Summary_EN_13Mar2012.pdf.

Whitten, P. S., Mair, F. S., Haycox, A., Mayt, C. R., Williams, T. L., & Hellmich, S. (2002). Systematic review of cost effectiveness studies of telemedicine interventions. *British Journal of Medicine, 324*, 1424–1437.

译后记

我国关于社会研究方法的著作和教材有很多，但是专门针对政策研究的较为少见。当前，在我国各项社会改革过程中，政策对社会生活的影响越来越大，有关组织迫切需要基于证据的、负责任的政策研究，为科学决策奠定坚实基础。呈现在读者面前的这本由安·马克捷克和 M. 林恩·马库斯合著的《如何做好政策研究》，用航程路线作比喻，为如何进行循证政策研究提供了可供操作的步骤和行动流程，应用性、可操作性强，为人们开展政策研究提供了行动的指南。

本书各章的译者是：李学斌（前言、第 1 章、第 2 章）、熊杰（第 3 章）、邹宇春（第 4 章、第 5 章）、周晓春（第 6 章、第 7 章）。多人合作、共同讨论的集体智慧大大提高了译文的准确度。全书译文初稿完成后，由李学斌、邹宇春、周晓春认真进行了初校，最后由李学斌进行了统校。期望本书也能成为一本负责任的译作！

在本书翻译过程中，得到了重庆大学出版社林佳木老师的认真指导和关心，使译文得以顺利出版，在此对林编辑的辛勤付出表示衷心的感谢。由于译者的学识水平有限，书中肯定会存在一些不当之处，敬请读者批评指正。

李学斌

2018 年 9 月 17 日于南京

附　说说科学

以下内容摘自《社会科学研究：从思维开始》

❝ 科学与问题的提出和回答方式相关，它是用于探索和观察的一套规则和形式，由那些希望获得可靠答案的人们创造。（P2）

❝ 科学是一种探索模式，为全人类共同拥有。（P3）

❝ 科学是一种思考和提出问题的过程，而非一种知识体系。（P4）

❝ 科学的实质在于找出我们能观察到的事物间的关系。（P8）

❝ 科学策略的要素本身很容易理解。它们是概念、变量、假设、测量和理论。这些要素的组合方式，构成了科学方法。理论的功能是引导出这种方法，赋予它意义，这是通过帮助我们解释被观察到的现象来实现的。（P13）

❝ 用精确的名字称呼事物，是理解的开始，因为它是心灵把握现实及其众多关系的关键。（P14）

❝ 科学是一种方法，通过参考可观察的现象来检验概念的表达以及它们之间的可能关联。（P5）

❝ 如果假设得到了精心设计，科学方法的所有步骤也就随之而来，假设提供了整个结构。（P28）

" 社会科学的艺术之一，就是有技巧的问题重构。（P28）

" 科学方法是利用可观察的证据，以一种训练有素的方式来检验思维，并且在该过程的每一步都做到明晰。（P30–P31）

" 科学是一种工作程序，利用对经验的提炼来回答问题。（P41）

" 好的描述是科学的开始。（P43）

" 科学观察方法的优点是，偏见更容易被暴露出来，因为对意义和程序的规定都非常明晰，能被复制。（P57）

" 自变量和因变量的关系在被令人信服地证明之前，只是研究者的一种想象虚构。（P67）

" 科学真正的创造力在于变量的操作化和假设的设计。（P78）

" 科学家主要测量三样东西：变异、与变异相关的数据具有意义的概率，以及变量间的关系。（P82）

" 研究技术更进一步的发展，很大程度不是来自方法论文献的推进（讨论某种方法的局限性或可能的改进），而是来自经由有趣的研究项目激发的动力。（P119）

" 思想提供着那些技术机制背后的脉络。（P119）

图书在版编目（CIP）数据

如何做好政策研究：讲证据、得人心、负责任 /
(美)安·马克捷克 (Ann Majchrzak) , (美) 林恩·马
库斯 (Lynne Markus) 著；李学斌等译. -- 重庆：重
庆大学出版社, 2020.3
（万卷方法）
书名原文：Methods for Policy Research: Taking
Socially Responsible Action
ISBN 978-7-5689-1866-4

Ⅰ.①如…　Ⅱ.①安…②林…③李…　Ⅲ.①政策科
学—研究　Ⅳ.①D035-01

中国版本图书馆CIP数据核字（2019）第241709号

如何做好政策研究：讲证据、得人心、负责任

安·马克捷克　林恩·马库斯　著
李学斌　邹宇春　周晓春　熊　杰　译
策划编辑：林佳木
责任编辑：李桂英　　版式设计：林佳木
责任校对：邹　忌　　责任印制：张　策

*

重庆大学出版社出版发行
出版人：饶帮华
社址：重庆市沙坪坝区大学城西路21号
邮编：401331
电话：（023）88617190　88617185（中小学）
传真：（023）88617186　88617166
网址：http://www.cqup.com.cn
邮箱：fxk@cqup.com.cn（营销中心）
全国新华书店经销
重庆华林天美印务有限公司印刷

*

开本：940mm×1360mm　1/32　印张：5.5　字数：150千
2020年3月第1版　　2020年3月第1次印刷
ISBN 978-7-5689-1866-4　定价：32.00元